Juliette Notho

La cuisine d'Amélie
80 recettes de derrière les fagots

Illustrations de Jul

Albin Michel

Pour des raisons de lisibilité, nous avons choisi d'écrire
les marques déposées avec une majuscule,
sans les faire suivre du sigle ™.

À Amélie,
Parce qu'elle parle si bien des choses exquises,
Qu'elles soient mangeables ou non…
Et parce que je l'aime.

Les délices d'Amélie... par le menu

Mise en bouche adressée au lecteur

Amusez-vous ! Affranchissez-vous !

Ce recueil de recettes, outre l'hommage qu'il rend à la sensualité gourmande d'Amélie, n'a pas de but didactique et prétend encore moins détenir LA vérité du bon goût et de la marche à suivre pour atteindre des sommets gastronomiques.

Pour moi – et, je l'espère, pour le lecteur – la cuisine est avant tout un jeu, un plaisir en soi. Quel plus grand bonheur pour un cuistot que de se voir livrer un panier plein d'ingrédients imprévus, et de se dire : « Qu'est-ce que je vais bien pouvoir créer avec ça… ». Ou alors, dans un même ordre d'idées, se promener au marché sans avoir rien prévu et, s'inspirant du plus beau légume de saison, du poisson qui vous lance une œillade brillante ou du fromage qui vous prendra par les sentiments, élaborer un menu totalement inédit.

Faites travailler votre imagination !

Autrement dit, fuyez la fadeur et l'ennui, bannissez tabous ou diktats culinaires. Bref, faites votre cuisine.

Remplacez l'ingrédient que vous n'avez pu vous procurer par un autre – et pas nécessairement par un ersatz – et vous serez peut-être très agréablement surpris, pour peu que vous ayez fait marcher votre imagination, vos goûts et, bien sûr, votre cœur !

À vous, cher lecteur-cuisinier, de faire en sorte que ce jeu soit libéré de toute contrainte inutile. Je m'explique : si certains trucs de cuisiniers ont une indéniable valeur, d'autres ne sont que légendes pour essayer de faire croire que la bonne cuisine est affaire d'initiés.

Dites non aux légendes !

NON, votre mayonnaise ne tournera pas si vous changez de sens giratoire en la fouettant ;

NON, une infime (je dis bien « infime »... n'allez pas non plus y laisser tout un poussin !) parcelle de jaune d'œuf dans vos blancs ne va pas compromettre votre belle neige ;

NON, votre soufflé ne va pas automatiquement se casser la figure si, brûlant de curiosité, vous entrouvrez à peine le four avant la fin de la cuisson pour admirer son impressionnante gonflette ;

NON, votre chicon ne sera pas dévoré d'amertume parce que vous ne vous êtes pas donné la peine de lui ôter le petit cône de chair dure à sa base...

Évidemment, bien cuisiner, comme toute autre chose à laquelle on aspire exceller, ne veut nullement signifier « s'en foutre ». Au contraire, soyez perfectionniste : attentif, précis, méticuleux même... Mais, par ailleurs, imaginez, créez, débridez-vous, amusez-vous... AIMEZ !

Moralité : cuisinez avec autant d'attention et de sérieux que de légèreté et de frivolité !

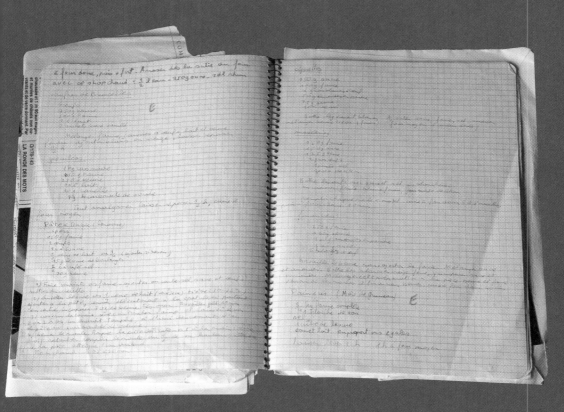

Mon grimoire personnel :

je noircis les pages de ce cahier depuis que j'ai 16 ans.
Il contient des recettes de mon cru, des secrets
de famille extorqués à des tantes récalcitrantes
à coups de politique de l'usure ou des idées recueillies
dans des éditions thaïlandaises de magazines
culinaires américains. Comme salmigondis,
on imagine difficilement mieux... mais bien entendu
j'y tiens comme à la prunelle de mes yeux.

Mon livre précieux

Une petite note au crayon en page de garde, apposée par l'antiquaire chez qui ce livre a été déniché, indique : « Très rare et recherché. » Je le crois sans peine. Publiées en 1864 par Urbain Dubois et Émile Bernard, « tous deux chefs de cuisine de LL.MM. le Roi et la reine de Prusse », ces pages vénérables sont autant passionnantes que terrifiantes, tant elles réclament du cuisinier compétence et perfection. La plupart des recettes proposées sont ultra-compliquées à réaliser et comptent parmi les ingrédients des éléments qui laissent rêveur... du genre « 600 gr. de truffes crues épluchées » ou encore « 200 gr. de tetine cuite » (orthographe et abréviations des mesures respectées).

Les splendides lithographies de mets recherchés qu'il renferme évoquent davantage des figures de proue, des fontaines versaillaises ou des couvre-chefs de sultans des 1001 Nuits que les pâtés ou entremets qu'elles sont censées représenter.

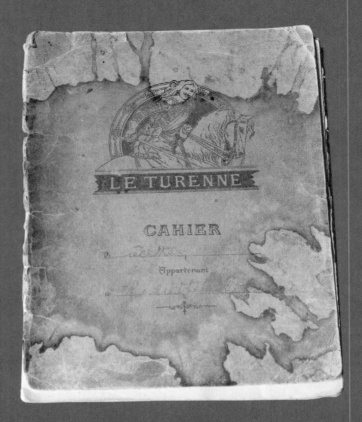

LE TURENNE

CAHIER

Appartenant

Le cahier de recettes
de Juliette Nothomb,
mon arrière-grand-mère :

comme il est très mince et même
pas rempli, j'en déduis que mon
aïeule n'était pas une fan de
cuisine. Personne n'est parfait...
Cependant, le peu de recettes
qu'elle m'a léguées sont
surannées à souhait, un régal !
Tarte à la céréaline, œufs
Mirabeau, flammery au chocolat et
autres concoctions ancestrales.

Mon minuteur :

très design et d'un jaune réjouissant.
Heureusement d'ailleurs qu'il est très décoratif,
car je ne m'en sers jamais (voyez ma remarque
p. 21 au sujet de la fallacieuse illusion des temps de
cuisson). Bref, ô minuteur, sois beau et tais-toi.

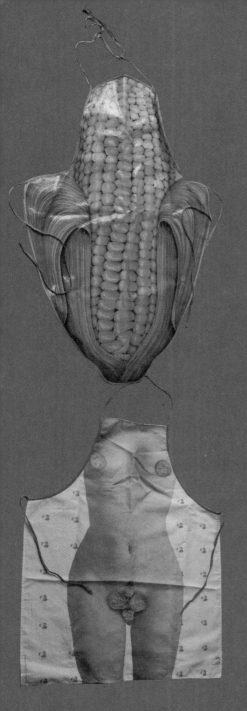

Un maigre échantillon de ma collection de tabliers :

quand je cuisine, je m'en mets partout ; aussi le port du tablier m'est-il impératif. Et comme j'en suis revêtue une bonne partie de la journée, autant qu'il soit beau et élégant ! Je mets autant de coquetterie – sinon plus – à m'acheter un nouveau tablier qu'une robe de bal. Une vraie Cendrillon, je vous dis.

Les cuillères japonaises à long drink et la cuillère « Calpis » :

Maman a acheté ces trois cuillères à bout coloré à Kobé à la fin des années 1960, sans se douter du destin qui les attendait. Elles ont une énorme valeur sentimentale bien entendu, mais elles ont aussi un format que je n'ai plus jamais retrouvé nulle part ailleurs : soit on voit de longs manches, mais la partie cuillère est grande ; soit la cuillère est petite, mais alors le manche est court, comme pour les cuillères à moka ou à espresso...

Quant à la cuillère « Calpis », elle date de la même époque. C'était un cadeau-promo que l'on recevait à l'achat d'un lot de bouteilles de Calpis. Celui-ci est aux petits Japonais ce qu'est la grenadine à nos goûters d'enfance. Il s'agit d'un sirop au petit-lait et au citron, à diluer dans beaucoup d'eau glacée. Un délice ! Et quelle madeleine... Si vous voulez connaître ce goût, on trouve le Calpis en épicerie japonaise (à prix d'or, cela va sans dire).

Les cuillères à boule :

la minuscule et l'énorme. Amélie me les a offertes toutes les deux, à quelques années d'écart. Elles sont parfaites pour mouler de la glace, de la purée ou du beurre selon qu'on se sente de Lilliput ou de Brobdingag.

Mon irremplaçable maryse

De marque norvégienne. Je l'ai achetée par pur hasard il y a bien longtemps, sans me douter de son excellence. Et aujourd'hui ce modèle n'existe plus. Riez, riez ! Toutes celles que je me suis procurées ensuite étaient trop molles, trop dures, trop pointues ou pas assez, cassables, fissibles, bref, imparfaites. Je vous répète que je ne suis pas du tout maniaque.
Et je ne peux même pas en commander une au Père Noël, il est finnois et se fout pas mal du savoir-faire des Norvégiens.

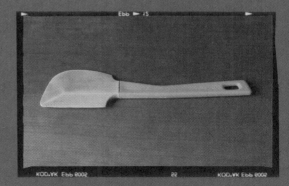

Mon énorme marmite, indispensable pour :

– de grandes poêlées de légumes croquants à l'asiatique, du genre wok ;
– braiser une armée de chicons les uns à côté des autres et non les uns sur les autres ;
– mélanger prestement pâtes et sauce sans en fiche les trois quarts à côté. En fait, cette casserole gargantuesque me sert surtout au tiers de son volume utile : il s'agit de pouvoir en mélanger et manipuler le contenu sans prendre de précautions.
Par ailleurs, imaginez-la pleine à ras bord... pour la porter à table, je devrais faire appel à Superman.

Mon saladier ananas et ses huit petits :

je les ai achetés en Thaïlande au début des années 1980. Très décoratifs pour les apéritifs. Chips, crudités, cubes de fromage, sauciflard, etc. Je vous déconseille toutefois les piments thaïs qui ressemblent comme des frères à des haricots verts extra-fins, sauf si vous vous sentez d'humeur espiègle envers vos convives. Parfaits aussi pour ceux qui aiment leur salade *on the side* afin de ne pas mélanger la vinaigrette à la sauce de leur plat, ou alors pour les petits malins qui profitent de cette place gagnée dans leur assiette pour prendre plus de patates.

Quelques recommandations utiles

Choix des ingrédients

Pas de mystère, la bonne cuisine se fait à base de bonnes matières premières. Cela étant, inutile de se ruiner ! Quelques rappels et coups de gueule :

La qualité avant tout !

À moins que vous n'ayez un appétit d'ogre, substituez la qualité à la quantité : vous n'aurez qu'à vous en féliciter.

Respectez les saisons !

Privilégiez les produits de saison, qu'il s'agisse de fruits et légumes bien sûr mais aussi de viandes, poissons ou fromages. Votre gourmandise mais aussi votre portefeuille vous en remercieront.

Non à la margarine !

À moins d'une contre-indication médicale ou d'une aversion pathologique, de grâce, remplacez-moi cette margarine par du bon vrai beurre, surtout en pâtisserie. Croyez-moi, la différence de prix est minime (gardez les beurres de grand luxe comme gourmandise, crus sur une bonne tartine) et le goût s'en ressent. De plus, avec les nouveaux beurres « spécial cuisson », plus de problème de beurre qui noircit et transforme votre plat en cauchemar diététique.

Du vrai, du vrai !

Dans la mesure du possible, évitez les ersatz : mieux vaut une salade composée avec *un peu* de vraie chair de crabe plutôt que croulant sous une avalanche de surimi ; complétez l'apport protéinique, si vous le souhaitez, avec un œuf poché extra-frais ou un peu de poisson froid. Votre plat sera meilleur et pas plus cher pour autant – et ceci n'est qu'un exemple parmi d'autres…

N'hésitez pas à déguster un jour un turbot aux morilles, et le lendemain une soupe de légumes (vieux proverbe bhoutanais).

Temps de réalisation des recettes

En toute honnêteté, ce critère me paraît impossible à chiffrer… Il est évident qu'un cuistot nippon avec son énorme couteau et son sourire ravageur vous hachera menu un tombereau de viandes et légumes crus à la vitesse Mach 3, tandis que la gentille petite main (comme votre servante, si si, croyez-le bien !) traînera autrement à cette tâche ; et quand moi-même j'atteins le score fulgurant de 40 raviolis faits main à l'heure, un professionnel italien de souche ou sa mamma en réaliseront, au bas mot, 10 fois plus.

Qu'importe que vous soyez rapide ou non : organisez-vous en fonction de vos aptitudes et, l'expérience et l'habitude aidant, le résultat sera tout aussi concluant.

Température et temps de cuisson

Les données de chaque recette nécessitant une cuisson au four sont indicatives et approximatives. En effet, d'un four à l'autre, les résultats sont parfois étonnamment différents ! Alors, à moins de connaître votre four chéri comme un autre vous-même, SURVEILLEZ !!!

Quand on a un plat au four, ou surtout de la pâtisserie :
– on n'appelle PAS une copine qu'on n'a plus vue depuis 6 mois ;
– on ne surfe PAS sur Internet ;
– on ne boursicote PAS ;
– on ne part PAS promener son toutou, même pas « pour 5 minutes » ;
– etc.
Respectez ce simple adage, et vous limiterez au maximum tout risque de fiasco.

Mes secrets pour ne plus rater la chantilly

Pour éviter de pleurer d'impuissance devant votre chantilly qui, malgré vos louables efforts, s'enferre dans l'indélicatesse de ne pas vouloir monter, choisissez exclusivement pour sa confection de la crème fleurette entière pasteurisée, celle que vous trouverez au rayon frais de votre crémier ou de votre supermarché en conditionnements de 25 cl, 50 cl ou 1 litre ; gardez la crème UHT (généralement en conditionnement de 3 briques de 20 cl chacune, et vendue hors frigo) pour les sauces, les ganaches, ou toute préparation qui ne réclame pas de fouettage. En effet, le traitement à ultra haute température ôte à la crème, même entière, sa faculté de s'émulsionner en mousse – sauf si vous faites partie des *happy few* qui possèdent un siphon à chantilly avec cartouches de gaz. Attention, parfois cette sournoise crème UHT se glisse en catimini au rayon frais, elle aussi : soyez vigilant !

De la crème entière, sinon rien !

Surtout, n'utilisez pour votre chantilly que de la crème entière ! En Belgique, on trouve très facilement une crème fleurette pasteurisée qui titre sans complexe 40 % de MG, qui « prend » en un clin d'œil et qui donne une chantilly merveilleusement ferme et gourmande, qui se coupe au couteau... En France, le commerce nous offre, à nous « simples mortels » non-professionnels, des crèmes qui n'affichent « que » (tout est relatif...) 33 à 35 %, ce qui demandera un fouettage plus long et aboutira à une émulsion un fifrelin moins ferme – mais ouiiii, mais ouiii, elle sera délicieuse quand même !!!

Le coup de main

À toutes fins utiles, voici mes conseils pour une belle et bonne chantilly, réalisée à la main (si c'est votre cas, chapeau ! moi, j'utilise mon brave batteur électrique...) ou non :

– mettez, 15 min au moins avant la confection, récipient et fouet(s) au congélateur : la chantilly adore le froid. Accordez la capacité de ce récipient à la quantité de crème à fouetter, car celle-ci double de volume... gare aux tsunamis dans votre cuisine !

– pour un résultat beaucoup plus ferme, n'utilisez que du sucre glace et n'ajoutez ce dernier que lorsque la crème est montée aux 3/4 ; par ailleurs, il existe des poudres « fixe-chantilly » qui sont très efficaces, parfois même un peu trop... Utilisez-les avec parcimonie, pour une crème ultra-ferme quoique parfois un peu élastique (mais au goût irréprochable).

La technique et le matériel

Pour ma part, je monte toujours ma chantilly au fouet électrique et dans mon pichet mesureur, en Pyrex de préférence car cette matière (de même que l'inox) reste glacée plus longtemps que le plastique ; de surcroît, il est beaucoup plus aisé d'utiliser ce type de récipient, généralement haut et étroit, car ainsi votre cuisine et vous-même ne serez pas « décorés » par les minus-cules gouttelettes de crème qui seront projetées dans les airs lors du fouettage ! En revanche, si vous travaillez au fouet à main, il vous faudra utiliser un saladier ou « cul-de-poule » rond et évasé et émulsionner votre chantilly à l'aide de larges et élégants battages circulaires, afin d'incorporer le plus d'air possible à votre préparation… Mais là, bonjour les éclaboussures ! Tant pis, appelez votre chien pour « nettoyer » la cuisine et faites pénétrer les giclures sur votre visage comme vous le feriez de votre crème hydratante !

Par ailleurs et pour l'anecdote, d'après le témoignage d'une amie qui par mégarde en avait renversé toute une bombe, il s'est avéré que la chantilly est excellente pour faire briller les tommettes ; si le sol de votre cuisine en est revêtu, tant mieux pour vous !)

Cuisine sans complexes : restez pratique !
Aides culinaires

Pour que bien cuisiner reste un plaisir et non un esclavage, n'hésitez pas à recourir à celles-ci : de bienveillants inventeurs se sont creusé le ciboulot pour nous faciliter la tâche, ne leur faisons pas insulte en nous entêtant à faire de la cuisine d'un autre âge si nous n'en avons pas le temps.

Bien sûr, comme je l'ai dit plus haut au sujet des ersatz, le meilleur bouillon-cube n'égalera pas votre poule au pot faite maison ; pas de mystère, le thym que vous aurez cueilli vous-même dans la garrigue vous enchantera ô combien davantage que celui du petit flacon acheté au coin de la rue ; quant à votre purée maison, elle aura bien plus de chances d'être plébiscitée que sa consœur en flocons… Faut-il pour autant bannir ces produits, parmi tant d'autres ?

Sûrement pas ! Tout d'abord parce que leur qualité s'est largement améliorée avec les années ; ensuite parce que, au lieu de les cuisiner tout seuls « selon les instructions figurant sur l'emballage », vous pouvez mettre ces ingrédients *au service* de vos petits plats cuisinés avec amour.

Les bouillons

Ajoutez un cube à votre bouillon de poule fait maison au lieu de simplement le saler, vous obtiendrez un résultat délicieux.

Les flocons de pomme de terre

Essayez donc d'épaissir votre soupe de légumes moulinés avec 1 ou 2 cuil. de flocons de pomme de terre, et vous n'aurez rien à redire à la texture et au goût obtenus.

Les herbes lyophilisées

Un beau gratin de légumes frais que vous aurez choisis et précuisinés vous-même s'accommodera sans honte aucune de quelques pincées de votre humble petit pot d'herbes lyophilisées.

Les roux instantanés

Mention spéciale accordée aux roux instantanés, qu'ils soient destinés aux sauces brunes ou blanches.

Les gelées instantanées

Mention spéciale accordée également à certaines préparations pour gelées instantanées qui, additionnées d'une larme d'alcool de votre choix – porto, madère… – sont quasi irréprochables.

Et puis après tout, ne vaut-il pas mieux un bon petit plat maison qui a fait appel, sans honte, à l'une ou l'autre composante toute prête, plutôt qu'un repas fade parce qu'on n'a pas eu le temps de le cuisiner dans les règles de l'art, ou qu'un plat acheté tout prêt, pas nécessairement meilleur et certainement plus cher ?

Robots, fouets électriques, micro-ondes, etc.

Bienvenue à eux ! Non seulement *personne* ne vous admirera d'avoir fouetté votre pâte à génoise à la main, mais en plus elle sera bien plus légère si vous l'avez travaillée au fouet électrique.

Le batteur électrique

Un jour, un serveur de restaurant italien me jura ses grands dieux avec la ferveur qui caractérise ce peuple merveilleux qu'un sabayon digne de ce nom ne saurait être réussi avec une autre source d'énergie que l'huile de bras, et nécessite au minimum 20 min de préparation… Avec toute l'amitié que je dois à ce charmant garçon, je peux vous affirmer que j'ai réussi maintes fois en 5 min maximum et sans effort des sabayons aériens et juste tièdes comme il se doit… avec mon batteur électrique. Bon, évidemment, *son* sabayon est peut-être le *nec plus ultra*, tandis que le mien n'est que le *nec* tout court…

Les micro-ondes & Co.

Il en va de même pour toute votre brigade de cuisine ni en chair ni en os. Elle est à vos ordres, si despotiques soient-ils, et ne rechignera jamais à la tâche. Et puis après tout, « *ils* » (les grands restaurants) sont les premiers à utiliser des armadas de micro-ondes, fours à vapeur, laminoirs à pâte, chauffe-plats, séchoirs électriques à fruits et légumes, fumoirs électriques à poissons et charcuteries et j'en passe, et ce ne sont pas leurs clients qui se plaindront de leur cuisine remarquable – pas plus que vos « clients » à vous ne vous en voudront d'alléger vos tâches ancillaires au profit de votre créativité qui les enchantera bien plus qu'un record de performance physique à inscrire au *Guinness Book*.

Recettes « sur l'autel d'Amélie »

C'est un poncif comme on en fait peu, mais c'est vrai : la cuisine est une affaire de cœur. Tout cuisinier aspire à dédier ses œuvres à la ou aux personnes aimées, et ce d'autant plus si celles-ci sont à la source de son inspiration culinaire.

En hommage à ma muse inspiratrice si chérie, voici quelques recettes que j'ai créées ou adaptées « sur son autel » – autrement dit, en fonction de ses prédilections, ou alors tout simplement de sa « gourmandise éclairée ».

66

Amélie ayant, on l'aura compris, une préférence pour le sucré, nous nous concentrerons sur celui-ci. Drôle de cheminement pour commencer un livre de cuisine, me direz-vous avec raison ; mais à tout seigneur tout honneur, après tout. Que l'on se rassure, une petite incursion salée en fin de parcours remettra à l'heure les pendules du lecteur déconcerté et, après ces débauches sucrées, même Amélie s'en trouvera bien.

66

Quand je me plaignais de l'interdit du sucré, ma mère me disait : « Ça te passera ». Erreur. Ça ne m'a pas passé. Dès que j'atteignis mon indépendance alimentaire, je me mis à me nourrir exclusivement de sucreries. Et j'en suis toujours là. Et ça me va comme un gant. Je ne me suis jamais mieux portée. Il n'est jamais trop tard pour bien faire.

« Trop sucré » : l'expression me paraît aussi absurde que « trop beau » ou « trop amoureux ». Il n'existe pas de choses trop belles : il n'existe que des perceptions dont la faim de beauté est médiocre. Et qu'on ne vienne pas me parler non plus de baroque opposé au classique : ceux qui ne voient pas la surabondance qui éclate au cœur même du sens de la mesure ont de pauvres perceptions.

Biographie de la faim, 2004

99

Le Mont Fuji

Inutile de rappeler l'amour mystique d'Amélie pour le Japon ! Voici ma version nipponne du mont-blanc, ce dessert franco-italien polymorphe mais toujours réalisé à base de crème de marrons, de meringue et de chantilly.

Préparation : 10 min
Cuisson : 45 min à 2 h 30, selon le four

Pour 4 personnes

Pour les meringues
4 blancs d'œufs
Leur poids en sucre en poudre
Leur poids en sucre glace
4 cuil. à soupe bombées de graines de sésame blanc
1 forte pincée de sel

Pour la chantilly au thé matcha
40 cl de crème fleurette
80 g de sucre glace
4 cuil. à café de thé matcha

Pour le décor
1 boîte de pâte d'azuki sucrée de 210 g (haricots rouges japonais)

LES MERINGUES

À conserver dans une boîte hermétique : +/- 15 jours.

• Allumez le four à 150 °C (th. 5) et faites-y dorer les graines de sésame dans un plat antiadhésif.

• Une fois cette opération terminée, abaissez la température du four à sa chaleur minimale (50-100 °C, th. 2-3, selon les fours).

• Recouvrez la plaque du four de papier cuisson.

• Dans une grande jatte, battez en neige ferme les blancs, avec une forte pincée de sel.

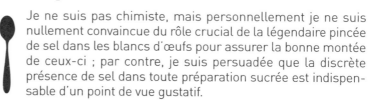

Je ne suis pas chimiste, mais personnellement je ne suis nullement convaincue du rôle crucial de la légendaire pincée de sel dans les blancs d'œufs pour assurer la bonne montée de ceux-ci ; par contre, je suis persuadée que la discrète présence de sel dans toute préparation sucrée est indispensable d'un point de vue gustatif.

• Une fois la neige montée, ajoutez-y, cuillerée par cuillerée et toujours en fouettant, le sucre en poudre. Puis incorporez délicatement en une fois et à la spatule le sucre glace tamisé et 4 cuil. à soupe de graines de sésame.

• Dressez la meringue sur la plaque, à la cuillère ou, plus facile, à la poche à douille, en formant 4 disques (Ø 8 cm) et 4 disques plus petits (Ø 4 cm), tous d'environ 2 cm d'épaisseur.

• Laissez sécher plutôt que cuire, en maintenant le four entrouvert à l'aide d'une spatule afin d'éliminer la vapeur.

• Une fois celles-ci sèches recto/verso (mais elles peuvent avoir conservé un intérieur moelleux), c'est-à-dire après 45 min à 2 h 30 selon votre four, sortez la plaque, détachez les disques après léger refroidissement et laissez-les refroidir sur une grille.

LA CHANTILLY ET LE MONTAGE

À faire juste avant dégustation, mais c'est plutôt rapide à réaliser.

• Mettez un bol de 1 litre et vos fouets au congélateur pendant 20 min minimum.

• Battez-y ensuite la crème en chantilly, ajoutant le sucre glace et le thé matcha tamisés en fin de parcours (la quantité de thé dépend de vos goûts. Comptez environ 1 cuil. à café par 100 g de crème).

• Posez un grand disque de meringue sur une assiette à dessert. Tartinez-le de pâte d'azuki sucrée puis superposez un petit disque. Masquez ensuite le tout de chantilly au thé vert, en donnant à l'ensemble une forme tronconique. Striez légèrement les « versants » de votre volcan à la fourchette, et creusez-y un cratère que vous garnissez de 1 cuil. à café de pâte d'azuki. Servez vite, décoré d'un petit drapeau japonais pour le gag.

Il est à noter que l'amertume du thé vert offre une très agréable complémentarité avec le taux élevé de sucre de la meringue et des azukis. ∎

Le Blasphème

Pour la petite histoire, c'est Amélie qui a donné ce nom pour le moins inédit au gâteau dont la recette figure ci-dessous. À l'origine, ce dessert exquis portait le nom simple et modeste de gâteau au chocolat. J'ai eu le bonheur de dégotter cette recette dans un recueil de fiches-cuisine de *Elle*, regroupées sous l'intitulé *Gâteaux et pâtisseries*. J'en ai légèrement modifié la composition, histoire de rendre ce délice encôôôôre plus diabolique et fondant, comme si cela avait été nécessaire... Toujours est-il que je voue une gratitude toute particulière à cette chère *Elle* pour le succès qu'elle m'a valu grâce à cette recette qu'Amélie aima tant qu'elle proféra à la première bouchée : « Ce gâteau est si bon qu'il donne envie de blasphémer. »

Préparation : 10 min
Cuisson : 20 min
Repos au frais : 1 h au moins

Pour 8 à 10 personnes

Pour le gâteau

250 g de chocolat noir
200 g de sucre en poudre
Environ 3 cuil. à soupe de sucre cristallisé (pour le moule)
1 cuil. à soupe de Maïzena
1 cuil. à café de levure chimique
200 g de beurre très mou
3 œufs + 3 jaunes
150 g de noisettes (ou amandes) grillées ou non, puis réduites en poudre
1 cuil. à café d'extrait de vanille liquide
1 cuil. à café de sel

LE GÂTEAU

- Préchauffez le four à 220 °C (th. 7-8).
- Beurrez puis chemisez de papier cuisson un moule à gâteau rond (Ø 20 cm), de préférence à fond amovible. Beurrez le papier puis poudrez-le de sucre cristallisé (pour obtenir une croûte croustillante).
- Séparez les blancs des jaunes d'œufs. Réservez.
- Faites fondre le chocolat dans un grand saladier au bain-marie ou au micro-ondes. Hors du feu, ajoutez-y successivement le sucre, le beurre très mou (mais pas fondu) les 6 jaunes un à un, la Maïzena tamisée avec la levure, les noisettes (ou amandes) en poudre, le sel, la vanille et enfin les blancs battus en neige ferme.
- Enfournez pour 20 min maximum : le gâteau doit former une belle croûte à l'extérieur mais doit garder un intérieur moelleux, voire coulant. Laissez-le refroidir dans le moule.

Il va s'affaisser en son centre, c'est normal !

LA MOUSSE ET LA FINITION DU GÂTEAU

(Facultatif... vous l'aurez peut-être déjà dévoré avant !)

• Préparez la mousse au chocolat : faites fondre le chocolat dans un grand saladier au bain-marie ou au micro-ondes avec le sucre et le beurre demi-sel. Battez les blancs d'œufs en neige et incorporez-les délicatement au chocolat fondu.

• Comblez-en le cratère causé par l'affaissement du gâteau lors du refroidissement, et réfrigérez 1 h minimum afin que la mousse durcisse.

Double avantage : non seulement votre gâteau sera encore plus gourmand, mais en plus son aspect sera tellement plus élégant, surtout si vous piquez dans la mousse une couronne de noisettes entières grillées au four ! ■

Le Cratère

Eh non ! Je n'y suis pour rien... pour la bonne et simple raison que la créatrice de ce dessert déjanté est **Amélie** ! À mi-chemin entre crumble et *pie* aux fruits, pas d'autre qualificatif pour cet entremets : il est *grave* ! Et très facile à réaliser.

Préparation : 5 à 10 min
Cuisson : 30 min

Pour 6 personnes

750 g de fruits rouges mélangés
100 g de sucre en poudre
200 g de farine
200 g de beurre ramolli
200 g de sucre cristallisé
1 bonne pincée de sel

• Allumez le four à 210 °C (th. 7).

• Mettez les fruits mélangés au sucre en poudre dans un joli plat à gratin rond.

• Pétrissez à la main le reste des ingrédients, réunissez le tout en une pâte sans aucune élégance et qui colle aux doigts, étalez-la tant bien que mal, en un disque grossier correspondant à peu près au diamètre du plat. Faites cette opération à la main ou au rouleau entre 2 feuilles de papier cuisson et posez ce disque sur les fruits. Enfournez pour environ 30 min.

Le centre du disque de pâte va s'affaisser et se noyer dans les fruits, rappelant ainsi le cratère d'un volcan plein de lave rouge en fusion.

• Dégustez chaud, tiède ou froid (mais non glacé) avec de la crème fraîche ou la Glace maison... à la vanille (p. 97). ■

(L'assiette
déclinaison de
darjeeling)

Au cas improbable où d'aucuns l'auraient oublié, Amélie est une adoratrice de thé... à boire bien sûr, mais aussi à manger ! D'où l'envie que j'ai eue un jour de combler ses fantasmes les plus fous par le biais d'un dessert d'une richesse en théine à réveiller un mort. Ce dessert en chaud-froid se compose d'une crêpe parfumée au thé darjeeling fourrée d'une crème pâtissière au thé darjeeling, d'une boule de glace au thé darjeeling et d'un sirop chaud au thé darjeeling.

Glace au thé darjeeling
Crêpes fourrées au thé darjeeling
Sirop au thé darjeeling
Montage de l'assiette

Glace au thé darjeeling

Préparation : 5 min
Cuisson : 15 min
Refroidissement : 1 h
Prise au froid : 8 h

Pour 4 personnes

2 cuil. à soupe bombées
de thé darjeeling en vrac
(de grâce, n'allez pas
m'utiliser ces sachets !)
25 cl de lait entier
5 cl de crème fleurette
3 jaunes d'œufs
100 g de sucre en poudre
1 grosse cuil. à café
de sucre glace
1 pincée de Maïzena
1 feuille de gélatine (2 g)

LA CRÈME ANGLAISE AU THÉ DARJEELING

• Faites bouillir le lait avec les feuilles de thé, laissez infuser jusqu'à refroidissement puis filtrez dans une passoire fine en pressant fortement le thé. Vous devez obtenir environ 20 cl de lait bien bruni.

• Mettez un saladier et votre fouet au congélateur.

• Mettez les feuilles de gélatine à ramollir dans un bol d'eau froide.

• Dans une casserole moyenne à fond épais, fouettez les jaunes et le sucre jusqu'à blanchiment. Ajoutez la Maïzena tamisée puis délayez peu à peu avec le lait au thé darjeeling.

• Faites épaissir ce mélange sur feu très doux en remuant constamment jusqu'à léger épaississement. Vous devez obtenir une consistance nappante mais surtout ne pas laisser bouillir. La petite pincée de Maïzena vous aidera à empêcher la crème de tourner si, malgré votre surveillance acharnée, un petit bouillon furtif se produisait.

• Hors du feu, faites-y fondre la gélatine préalablement essorée entre vos mains, puis dans du papier absorbant. Fouettez, la dissolution sera très rapide.

• Laissez refroidir à température ambiante.

LA GLACE

• Sortez le saladier et le fouet du congélateur. Dans le saladier bien froid, fouettez la crème et le sucre glace en chantilly molle et intégrez cette dernière à la spatule, délicatement, à la crème au thé darjeeling.

• Mettez le tout au congélateur dans un récipient (plastique, inox) rond (pour faciliter le battage). Au bout de 15 min, sortez la glace, refermez le congélateur (inutile d'élever la température de celui-ci et de ralentir la réalisation de votre glace, sans même

• • •

mentionner le gaspillage d'énergie…), fouettez avec l'énergie de l'espoir en détachant bien les bords dès que ceux-ci commenceront, les premiers, à prendre.

• Renouvelez l'opération toutes les 15 min jusqu'à la prise complète.

En fait, vous voilà métamorphosé en sorbetière humaine : dès que le mélange devient trop dur pour être battu, éjection automatique des fouets : c'est prêt !

10 MIN AVANT LA DÉGUSTATION

• Tâtez la glace du bout du doigt. Si elle est trop dure à votre goût, sortez-la du congélateur.

• Mais si vous venez de la faire, elle devrait être consommable immédiatement.

N.B. : pour le montage de l'assiette « déclinaison de darjeeling », voir p. 43.

Crêpes fourrées au thé darjeeling

Préparation : 10 min
Refroidissement : 30 min
Cuisson : 15 min (crème)
+ 5 min (crêpes)

Pour 4 personnes

Pour la pâte à crêpes

2 cuil. à soupe de feuilles de thé darjeeling

20 cl de lait entier

1 œuf moyen

1 cuil. à soupe de sucre en poudre

60 g de farine fluide

1 pincée de sel

Pour la crème pâtissière

2 jaunes d'œufs

20 cl de lait au thé darjeeling (fait à partir de 25 cl de lait entier et 2 cuil. à soupe bombées de thé darjeeling en vrac)

65 g de sucre en poudre

1 cuil. à soupe de sucre glace

1 cuil. à soupe rase de Maïzena

Beurre (pour la cuisson des crêpes)

Sucre glace (pour la finition)

LA PÂTE À CRÊPES

• Faites bouillir le lait avec les feuilles de thé, laissez infuser jusqu'à refroidissement, puis filtrez dans une passoire fine en pressant fortement le thé. Vous devez obtenir environ 15 cl de lait bien bruni.

• Quand le lait est refroidi, mixez-le avec l'œuf, la farine, le sucre et le sel.

LA CRÈME PÂTISSIÈRE

• Faites une crème pâtissière (voir les Profiteroles de Bernadette Bernardin, p. 80) : dans une casserole, fouettez les jaunes d'œufs et le sucre en poudre jusqu'à blanchiment (inutile d'en faire trop, arrêtez dès que le sucre est bien incorporé) puis ajoutez la Maïzena en la tamisant. Délayez avec le lait au thé darjeeling, tiède (ou froid, ça marche tout aussi bien !).

• Portez à ébullition sur feu moyen, laissez bouillonner 1 ou 2 min (la Maïzena ne nécessitant pas de longue ébullition).

• Laissez refroidir après avoir légèrement poudré de sucre glace la surface de la crème pour éviter la formation d'une peau. Mettez au réfrigérateur.

• • •

LES CRÊPES

• Faites 4 crêpes fines et farcissez-les tant qu'elles sont encore tièdes et donc souples avec une belle cuillerée de crème pâtissière refroidie : posez la crème à 3 cm du bord de la crêpe, rabattez celui-ci sur la crème, puis repliez sur ce premier rabat les deux bords perpendiculaires, et enfin roulez la crêpe le long de ce second rabat. Vous obtiendrez ainsi une espèce de cigare dodu et bien fermé d'où la crème ne pourra s'échapper, qu'elle le veuille ou non.

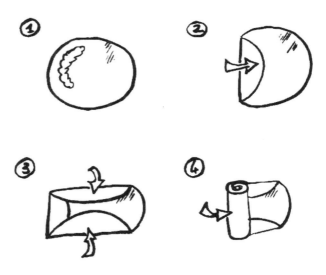

• Posez ces 4 cigares sur une assiette, la fermeture en dessous.

N.B. : pour le montage de l'assiette « déclinaison de darjeeling », voir p. 43.

Sirop au thé darjeeling

Cuisson : environ 15 min

Pour 4 personnes

1 cuil. à soupe de feuilles
de thé darjeeling

12 cl d'eau

100 g de sucre
en morceaux

• Laissez infuser le thé dans l'eau bouillante, filtrez, sucrez et chauffez doucement jusqu'à dissolution complète du sucre.

Montage de l'assiette

• Préparez 4 grandes assiettes plates.

• Formez 4 boules ou quenelles de glace au thé darjeeling et posez-en 1 par assiette.

• Réchauffez les crêpes farcies au micro-ondes avec la cloche plastique, de 30 à 45 s à pleine puissance. Disposez-les sur les assiettes, poudrez d'un voile de sucre glace.

• Arrosez le tout d'un filet de sirop de thé chaud et servez immédiatement. ∎

(L'assiette autour du cassis)

Éventail de mini-délices inspirés de l'amour du cassis : tartelette, gâteau roulé, glace, mousse, yaourt.

Moins connu que sa passion pour le chocolat, sa divinisation du thé ou son idolâtrie du champagne, l'amour d'Amélie pour le cassis s'explique peut-être par le double plaisir que lui offre la dégustation de cette baie : d'abord le jus sucré et parfumé qui caresse la bouche et les papilles, ensuite le bonheur de pouvoir tirer une langue noire aux individus qui se permettent de la dévisager !

Contre toute attente, c'est sous un soleil de Normandie et non de Bourgogne, pourtant patrie du cassis, qu'un certain mois d'août j'ai fait une telle récolte de cassis qu'après m'en être moi-même gobergée, j'ai pu en congeler une belle quantité. Et quel cassis ! Des grains énormes, noirs, tendres et sucrés, une merveille. L'urgence m'est donc apparue de partager ce plaisir avec ma sœur, ce que je fis sous forme d'une palette tout cassis. Et quand je dis *tout*, je n'exagère pas...

Génoise roulée au cassis

Mousse au cassis

Glace au cassis

Yaourt au cassis

Mini-tartelettes au cassis

Montage des assiettes

Génoise roulée au cassis

Préparation : 5 min
Cuisson : 5 à 10 min

Pour 4 à 6 personnes

1 œuf moyen
30 g de sucre en poudre
25 g de farine fluide
1 pincée de sel
6 cuil. à soupe
de confiture ou gelée
de cassis

• Allumez le four à 180 °C (th. 6).

• Posez une feuille de papier cuisson sur la plaque du four, beurrez et sucrez-en un rectangle d'environ 15 x 20 cm.

• Battez au fouet électrique œuf, sucre et sel au bain-marie frémissant pendant 20 à 30 s : la masse doit être légèrement chauffée pour augmenter de volume, mais ne doit en aucun cas subir une cuisson.

• Hors du bain-marie, continuez à fouetter pendant 5 min afin d'obtenir une mousse jaune pâle et légère, qui tienne un peu aux branches du fouet.

• Incorporez la farine délicatement à la spatule, puis étalez la pâte sur une couche d'environ 1/2 cm d'épaisseur sur le papier cuisson.

• Enfournez pour très peu de temps (5 à 10 min maxi) car la génoise doit à peine colorer tout en restant souple.

• Sortez-la du four, badigeonnez-la immédiatement de confiture ou de gelée de cassis et roulez-la serrée dans le sens de la longueur. Emballez-la bien serrée sous film.

N.B. : pour le montage de l'assiette « autour du cassis », voir p. 49.

Mousse au cassis

Préparation : 10 min
Cuisson : 5 min
Repos au frais : 30 min

Pour 4 à 6 personnes

125 g de grains de cassis frais ou surgelés
65 g + 20 g de sucre en poudre
65 g de crème fleurette
2 blancs d'œufs
2 feuilles de gélatine (4 g)

• Faites tremper la gélatine dans de l'eau froide.

• Mixez le cassis et 65 g de sucre en poudre et chauffez une petite partie de ce coulis pour y faire fondre la gélatine essorée. Reversez dans le reste de coulis.

• Laissez refroidir à température ambiante.

• Incorporez au coulis : la crème battue en chantilly ferme puis les blancs en neige ferme, additionnés des 20 g de sucre en fin de parcours.

• Versez la mousse dans 4 ou 6 toutes petites coupes, bols, raviers, soupières « tête de lion », bref de jolis récipients miniatures, et laissez prendre au réfrigérateur 30 min.

N.B. : pour le montage de l'assiette « autour du cassis », voir p. 49.

Glace au cassis

Préparation : 10 min
Cuisson : 5 min
Refroidissement : 1 h
Prise au froid : 4 h

Pour 4 à 6 personnes

200 g de grains de cassis
frais ou surgelés
200 g de sucre glace
200 g de crème fleurette
1 feuille de gélatine (2 g)

- Faites tremper la gélatine dans de l'eau froide.
- Mixez le cassis et le sucre glace, et chauffez une petite partie de ce coulis pour y faire fondre la gélatine essorée. Reversez dans le reste de coulis.
- Laissez refroidir à température ambiante.
- Incorporez au coulis refroidi la crème battue en chantilly ferme.
- Mettez au congélateur et fouettez la glace toutes les 15 min en suivant précisément la méthode indiquée p. 98.

Yaourt au cassis

Préparation : 2 min

Pour 4 à 6 personnes

1 cuil. à soupe de yaourt
nature à la crème (5 % de
MG) par personne *ou* de
yaourt grec (10 % de MG)
1 cuil. à café de coulis
de cassis frais par
personne (pour 4 à
6 personnes, mixez 20 g
de grains de cassis avec
10 g de sucre en poudre)
1 cuil. à café de sucre
en poudre par personne

- Préparez un coulis de cassis en écrasant 20 g de grains de cassis avec 10 g de sucre en poudre.
- Mélangez le yaourt, le coulis de cassis et le sucre, puis répartissez entre 4 ou 6 jolis mini-verres.

N.B. : pour le montage de l'assiette « autour du cassis », voir p. 49.

Mini-tartelettes au cassis

Préparation : 5 min
Cuisson : 10 min

Pour 4 à 6 personnes

Pour la pâte sablée
100 g de farine
50 g de sucre en poudre
50 g de beurre ramolli
1 pincée de sel

Pour la garniture
4 à 6 cuil. à soupe
de grains de cassis frais
4 à 6 cuil. à café de sucre
en poudre (ou de gelée
de cassis)

• Faites une pâte sablée en pétrissant brièvement farine, sel, sucre et beurre ramolli. Ajoutez de l'eau froide goutte à goutte si la pâte vous semble trop friable. Vous pouvez la laisser reposer mais cela ne m'a jamais semblé indispensable.

• Foncez de cette pâte 4 à 6 moules à mini-tartelettes (Ø 4 cm) en piquant la pâte à l'aide d'une fourchette pour éviter qu'elle ne gonfle.

• Faites cuire les fonds de tartelettes à blanc (c'est-à-dire « tout nus ») environ 10 min, jusqu'à ce qu'ils soient bien blonds (c'est affaire de goût : certains préfèrent des sablés bien cuits et croquants, d'autres plus clairs et plus moelleux). Démoulez-les et laissez-les refroidir sur une grille.

• Garnissez-les le plus tard possible : grains de cassis frais, poudrés de sucre ou lustrés à la gelée de cassis tiédie.

N.B. : pour le montage de l'assiette « autour du cassis », voir p. ci-contre.

Montage des assiettes

Prenez 4 ou 6 grandes assiettes plates. Disposez dans chacune :

- 1 boule ou quenelle de glace
- 1 rondelle de génoise roulée (éliminez les 2 extrémités peu régulières et dégustez-les en cachette dans la cuisine !)
- 1 coupe de mousse
- 1 mini-verre de yaourt
- 1 mini-tartelette ;

Complétez le tout avec 1 verre de liqueur de cassis bien frappée, et servez aux assoiffés :
- soit un kir
- soit un kir royal (au champagne)
- soit un sirop de cassis allongé d'eau bien glacée
- soit une bière « cassis lambiek »

... et après, pensez cassis, voyez cassis, *soyez* cassis ! ■

Le Saint-Riquier

A priori, cette charmante petite ville de France septentrionale n'a rien à voir avec ce dessert. Le hasard fit que je le créai il y a bien longtemps (voilà que je m'exprime comme une grand-mère...), et le jour de cette création Amélie venait de passer un bref séjour littéraire dans cette ville. À son retour, et après avoir goûté à mon œuvre, nous lui cherchâmes un nom et – à vrai dire sans nous casser beaucoup le ciboulot – nous optâmes pour « Saint-Riquier ».

Il s'agit d'une tarte à la crème aux pistaches et aux griottes, combinaison ultraclassique. Mais j'avais l'excuse d'être toute jeunette (eh oui !) et me croyais novatrice, car jamais encore je n'avais eu connaissance de ce mariage-là.

Il n'en reste pas moins que ce gâteau est délicieux, facile à faire et très familial, puisque réalisé en partie avec une humble poudre à flan toute prête.

Préparation : 15 min
Cuisson : 40 min

Pour 8 à 10 personnes

Pour la pâte sablée
250 g de farine
50 g de poudre à flan
parfum pistache
125 g de sucre en poudre
125 g de beurre ramolli
1 œuf
1 grosse pincée de sel

LA PÂTE SABLÉE

• Faites une pâte sablée en pétrissant brièvement farine, sel, sucre, poudre à flan, œuf et beurre ramolli. Ajoutez de l'eau froide goutte à goutte si la pâte vous semble trop friable. Inutile de la laisser reposer.

• Préchauffez votre four à 210 °C (th. 7).

• Abaissez-la au rouleau ou à la main et foncez-en un moule à tarte d'une profondeur de 4 cm environ.

- Si vous aimez un fond de tarte croquant, cuisez celui-ci à blanc, en couvrant la pâte de papier cuisson lesté de haricots secs ou de « haricots de cuisson » en porcelaine. La pâte doit sécher mais non se colorer ! Cela prend environ 10 min au four.

- Si la pâte encore un peu « crue » et moelleuse a votre préférence, oubliez cette précuisson et passez à l'étape suivante.

• Préchauffez (ou diminuez) votre four à 180 °C (th.6).

Pour le flan à la pistache et la garniture griottes

500 g de griottes au sirop égouttées

4 œufs moyens

40 cl de crème liquide

150 g de sucre en poudre

50 g de poudre à flan parfum pistache

1 pincée de sel

Pour servir

2 cuil. à soupe de pistaches non salées concassées (+/- selon votre goût)

1 cuil. à soupe de sucre glace

LE FLAN

• Disposez les griottes sur le fond de tarte.

• Battez ensemble les œufs, le sucre et le sel. Ajoutez la poudre à flan puis la crème. Mélangez bien et versez sur le fond de tarte où sont déjà les griottes.

• Cuisez environ 30 min (surveillez) jusqu'à la prise du flan (celui-ci peut toutefois demeurer légèrement tremblotant en son centre). Baissez la température du four si nécessaire, car le flan doit cuire sans roussir afin de conserver sa réjouissante couleur verte.

• Après cuisson, laissez refroidir avant de saupoudrer à l'envi de pistaches concassées et d'un soupçon de sucre glace.

• Servez frais mais non glacé.

Inutile de démouler, c'est risqué... et après tout, puisque ce dessert est familial, pas de tralala ! ■

(Au sujet du millefeuille)

C'est en contemplant un jour Amélie dégustant un millefeuille à la framboise que l'idée de revisiter l'architecture de ce dessert sublime m'est apparue telle une *révélation*.

Malgré l'extrême dextérité avec laquelle Amélie s'était attaquée à son gâteau, tenant celui-ci en équilibre sur une main et mordant des bouchées franches afin de ne pas le transformer en bouillie, l'exploit n'en restait pas moins périlleux et malaisé.

Jugez donc : soit vous optez pour la dégustation dite « civilisée » avec couteau et fourchette mais cela a pour fâcheuse conséquence de démolir sauvagement la vertigineuse super-position des 3 couches de feuilletage, écrasant celles-ci tout en expulsant sans délicatesse la crème pâtissière de sous sa fragile toiture. Un carnage sans nom dans votre assiette !

Ou alors, faisant courageusement fi du qu'en-dira-t-on, vous optez pour la dégustation avec les doigts... à condition d'ouvrir une bouche grande comme le hangar d'un Airbus A 380 avec pour conséquence de vous en mettre partout. Délicieux, rigolo, mais impensable en société.

J'ai donc pour ambition de vous proposer ci-dessous un dessert qui réunit maintes qualités fort appréciables : d'une facilité déconcertante à réaliser, peu cher, délicieux et même, croyez-le ou non, élégant ! Et surtout, un délice qui n'exigera pas l'utilisation d'une serpillière pour torcher son dégustateur *post coitum* !

Last but not least, les bases de ce dessert se préparent à l'avance ; on ne peut en revanche l'assembler qu'à la dernière minute, mais c'est ultra-rapide et un jeu d'enfant.

Le Millefeuille déstructuré

Préparation : 10 min
Repos au frais : 30 min
(feuilletage)
+ 30 min (crème)
Cuisson : 10 min
(feuilletage) + 15 min
(crème)

Pour 4 personnes

Pour le feuilletage

250 g de pâte feuilletée
pur beurre (faite maison,
si vous en avez la
patience et/ou le talent ;
sinon, commandée chez
votre pâtissier ou achetée
dans le commerce)
Sucre glace *ou* 1 jaune
d'œuf et du sucre
cristallisé

Pour la crème légère

150 g de sucre en poudre
25 g de sucre glace
20 g de Maïzena
6 jaunes d'œufs
50 cl de lait entier
25 cl de crème fleurette
2 gousses de vanille ou
2 cuil. à café de vanille
en poudre ou d'extrait
de vanille liquide

CUISSON DU FEUILLETAGE

• Préparez la plaque du four en la recouvrant de papier cuisson.

• Abaissez la pâte à 5 mm d'épaisseur environ, et posez-la sur la plaque. Laissez reposer 30 min dans un endroit frais : ce repos lui permettra de ne pas trop se rétracter à la cuisson ; mais si vous n'en avez pas le temps, faites fi de cette attente et passez immédiatement à la phase suivante.

• Allumez le four à 250 °C (th. 8-10 selon sa puissance).

Au choix :

• Badigeonnez l'abaisse de jaune d'œuf (en tâchant d'éviter les coulures sur le papier cuisson, car elles empêcheraient la bonne levée des feuillets de pâte) et saupoudrez-la de sucre cristallisé. Cuisez-la en surveillant : le dessus doit dorer, un peu caraméliser même si vous le désirez, mais pas noircir.

ou

• Cuisez la pâte nature et saupoudrez-la de sucre glace après cuisson. Laissez refroidir ou remettez sous le gril du four jusqu'à légère caramélisation.

CRÈME LÉGÈRE

• Mettez les framboises au réfrigérateur.

• Préparez une crème pâtissière : si vous avez opté pour la vanille en gousses, fendez celles-ci dans leur longueur, grattez soigneusement l'intérieur pour récupérer les graines et mettez le tout dans une casserole avec le lait, portez à ébullition, retirez du feu et laissez infuser 10 min ; retirez les gousses.

Si vous n'avez pas choisi l'option « vanille en gousses », mélangez le lait et l'arôme vanille.

...

Pour servir

250 g de framboises

4 feuilles de menthe
fraîche (ou de basilic,
ou de citronnelle)

Sucre glace pour
saupoudrer

• Dans une casserole, fouettez les jaunes et le sucre jusqu'à blanchiment (inutile d'en faire trop, arrêtez dès que le sucre est bien incorporé) puis ajoutez la Maïzena en la tamisant. Délayez avec le lait vanillé tiède (ou froid, ça marche tout aussi bien !).

• Portez à ébullition sur feu moyen, laissez bouillonner 1 ou 2 min (la Maïzena ne nécessitant pas de longue ébullition).

• Laissez refroidir après avoir légèrement poudré de sucre glace la surface de la crème pour éviter la formation d'une peau. Mettez au réfrigérateur.

• Fouettez la crème fleurette en chantilly ferme avec 25 g de sucre glace (voir Le Mont Fuji, p. 32).

• Fouettez la crème pâtissière totalement refroidie pour l'homogénéiser, puis incorporez-y la chantilly à la spatule.

JUSTE AVANT DE SERVIR

• Morcelez grossièrement la pâte feuilletée cuite et refroidie en fragments d'environ 2 cm de section.

• Mariez délicatement, à la spatule, la crème légère, les débris de pâte et les framboises. Mélangez à peine, afin de préserver la pâte si fragile et les jolies marbrures.

• Répartissez votre dessert dans de hautes coupes transparentes et non colorées (cristal, verre, plexiglas, plastique), décorez d'une feuille de menthe et d'un soupçon de sucre glace.

• Dégustez vite ou mettez au frais et consommez dans la demi-journée.

 Bien sûr, vous pouvez ajouter à ce dessert grains de praliné, copeaux de chocolat blanc, fruits frais de toutes sortes... mais ne le transformez pas non plus en gloubi-boulga : faut qu'ça reste un millefeuille, que diable !!! ■

La recette
« 2 en 1 »

Les tagliatelles de courgettes au coulis de poivron doux et, ultérieurement, le velouté léger de pulpe de courgettes.

Le légume préféré d'Amélie, me demandez-vous ? Mais c'est la courgette, pardi ! Sous toutes ses formes... faut-il préciser qu'Amélie est « courgettomane » ? Et comme elle a raison ! En effet, ce doux et aimable légume se prête sans rechigner à toutes les préparations, des plus légères (quelques minutes à la vapeur pour des rondelles *al dente*, crues et râpées en salade, en carpaccio...) aux plus riches (en beignets, en « paillassons » à la poêle, farcies, en gratin...), acceptant même le sucre (cake sucré aux courgettes râpées). On pourrait en manger 7 jours sur 7 sans se rendre compte qu'on déguste le même légume.

La gaie et polymorphe courgette, forte de ses nombreux atouts, serait donc en droit de saigner à blanc notre porte-monnaie... eh bien, même pas vrai ! En été bien sûr, on se les jette à la tête ; mais même en hiver elle demeure très abordable. En plus, elle ne présente quasi pas de déchets – d'où une économie supplémentaire – et est « prête à cuisiner » en un clin d'œil.

Vu la passion irrationnelle qu'Amélie voue à la courgette, je n'ai pu résister à me faire la (ô combien douce !) violence de sélectionner *seulement* deux recettes parmi la cohorte de préparations que j'aimerais servir quotidiennement à ma petite sœur, juste pour la voir verdir de plaisir !

Les tagliatelles de courgettes au coulis de poivron doux

(Entrée copieuse ou plat léger)

Préparation : 1 h
Cuisson : 45 min
(2 h à l'avance) + 1 à 2 min
(juste avant de servir)

Pour 4 personnes

16 courgettes fermes et droites (indispensable pour cette recette : tailler des tagliatelles dans des courgettes torses... bonne chance !) de 20 cm de longueur environ

15 cubes de bouillon (de légumes ou de poule)

Pour le coulis de poivron et la touche finale : voir p. 58

LE COULIS DE POIVRON

• Commencez par le coulis. Vous pouvez préparer celui-ci à l'avance (jusqu'à 48 h) ou même le congeler.

• Lavez les poivrons rouges, essuyez-les puis coupez-les en deux et épépinez-les. Coupez-les en gros carrés d'environ 4 cm de côté (ni plus grands ni plus petits : mon expérience m'a appris que pour le pelage ultérieur ces dimensions sont les meilleures pour procéder rapidement et sans casser les peaux).

• Pelez les oignons et l'ail, coupez-les en quartiers grossiers.

• Nappez d'huile d'olive le fond d'une grande sauteuse anti-adhésive où vos poivrons et oignons seront à l'aise sur une seule couche (30 cm de diamètre minimum). Mettez-y les légumes et faites cuire à tout petit feu et à couvert, sans coloration, pendant environ 45 min. Je vous conseille d'utiliser un diffuseur de chaleur. Au terme de la cuisson, éteignez le feu et laisser le tout tiédir dans la sauteuse couverte.

• Dès que la température le permet à vos doigts, pelez les quartiers de poivron. S'ils sont bien cuits, cela se fait très aisément. Ensuite, mixez le tout (avec l'huile de cuisson), puis ajoutez-y sucre, caviar de tomate, vinaigre balsamique, sel et poivre.

• Laissez en attente dans une petite casserole antiadhésive.

...

Pour cette recette, je vous déconseille la méthode classique pour peler les poivrons, à savoir à la flamme ou au four. En effet, la chair des poivrons noircirait sous la peau et votre coulis n'aurait pas le beau vermillon escompté.

LES TAGLIATELLES DE COURGETTES

• **Lavez les courgettes puis coupez 4 bandes de peau sur chacune, avec la chair attenante sur environ 5 mm.**

La pulpe restante, sans la peau, servira à la recette suivante.

• **Posez ces languettes à plat, côté chair, sur une planche à découper et taillez-y dans la longueur des tagliatelles à peu près régulières, d'environ 2 mm d'épaisseur. L'important est que vos « pâtes » végétales aient plus ou moins le même gabarit, et ce pour assurer une cuisson uniforme. Mettez vos tagliatelles dans une ou plusieurs grandes passoires et laissez en attente. Les courgettes – quand je vous disais qu'elles sont accommodantes ! – ont le grand avantage de ne pas s'oxyder une fois découpées, comme pommes-fruits ou chicons par exemple. Donc, vous pouvez vous permettre de faire vos tagliatelles une heure ou deux à l'avance.**

La peau permet aux tagliatelles de se tenir à la cuisson. Tagliatelles sans peau, bonjour la charpie !
Par ailleurs, ne soyez pas épouvanté par leur volume : la cuisson, bien qu'ultra-brève, réduira celui-ci de moitié environ.

LE POIVRON JAUNE ET LA FETA

• **Lavez, séchez et épépinez le poivron jaune ; coupez-le en petits dés de 1 cm.**

• **Coupez la feta en cubes de 1,5 cm.**

• **Préparez les olives noires** (de préférence pas dénoyautées : c'est meilleur et en plus cela force les infâmes convives gloutons à manger avec discernement, donc un peu plus lentement – faisant par là honneur à votre plat tout en se programmant une meilleure digestion !).

• **Préparez les 4 brins de romarin.**

• **Laissez le tout en attente à température ambiante.**

Pour le coulis de poivron
4 poivrons rouges
2 oignons moyens, rouges ou jaunes
4 gousses d'ail bien replètes
Huile d'olive
1 cuil. à soupe de caviar de tomate (en GMS)
1 cuil. à soupe de vinaigre balsamique
1 cuil. à café de sucre
Sel, poivre

Pour la touche finale
200 g de feta
200 g d'olives noires (en saumure ou à la grecque)
1 poivron jaune
4 beaux et grands brins de romarin frais (4 ou 5 cm de haut, au minimum)

• Environ 30 min avant de servir, chauffez 7,5 l d'eau avec les cubes de bouillon dans votre plus grande casserole.

• Réchauffez tout doucement le coulis en tournant de temps en temps. Ne le laissez surtout pas attacher au fond.

• Jetez les tagliatelles de courgettes dans le bouillon à pleine ébullition (ne couvrez pas) ; attendez la reprise de celle-ci puis égouttez soigneusement les tagliatelles dans leurs passoires.

Attention, ne soyez pas distrait : conservez le bouillon !

LA TOUCHE FINALE

• Répartissez les courgettes dans de grandes assiettes légèrement creuses, nappez-les de coulis (mais ne les en recouvrez surtout pas, il faut que l'on puisse admirer le contraste du vert flashy et du rouge tape-à-l'œil ; versez donc la sauce au centre de vos nids de courgettes).

• Parsemez harmonieusement le tout de dés de poivron jaune cru, d'olives noires et de feta. Cerise sur le gâteau, piquez au centre de chaque monticule le brin de romarin.

• Servez chaud, tiède ou même froid. Dans les deux derniers cas, ne posez pas les dés de feta tant que le tout n'a pas refroidi ! ■

Le velouté léger
de pulpe de courgettes

Amélie et moi avons été élevées par des parents qui, comme beaucoup parmi cette génération, nous ont seriné maintes fois : « On voit bien que tu n'as pas connu la guerre » lorsque nous avions l'indécence de ne pas terminer nos assiettes ou de laisser 2 cm de jambon autour de la bande de gras pour être sûres de ne pas être « contaminées » par celui-ci... Le résultat de ce bourrage de crâne est qu'aujourd'hui ni Amélie ni moi ne tolérons le gaspillage – surtout si la « récup' » est aussi délicieuse et facile que la recette qui suit.

Préparation : 5 min !
Cuisson : 10 à 20 min
selon la nature
des courgettes

Pour 6 personnes

La pulpe des 16
courgettes, dédaignée
lors de la recette
précédente (ou 8-10
courgettes moyennes)

2 gros oignons doux
(environ 250-300 g)

Le bouillon de cuisson
des tagliatelles
(ou environ 2 litres de
bouillon de légumes ou
de volaille, c'est-à-dire
4 ou 5 cubes)

20 cl de crème (facultatif)
ou 10 cl de très bonne
huile d'olive (facultatif
également)

Sel, poivre blanc

• Pelez les oignons, coupez-les en gros cubes et mettez-les avec la pulpe de courgettes (ou les courgettes lavées et coupées en gros morceaux) dans une casserole. Mouillez de bouillon à hauteur (pas plus !) puis portez à ébullition. Laisser mijoter à couvert de 10 à 20 min, jusqu'à ce que les courgettes soient tendres.

• Prélevez la moitié du bouillon et gardez-le de côté.

 En effet, l'utilisation ou non de tout le bouillon de cuisson dépendra de l'épaisseur désirée. Mieux vaut d'abord mixer les courgettes dans un peu de jus puis diluer le velouté jusqu'à la consistance que vous aimez.

• Mixez le velouté et, le cas échéant, ajoutez un peu ou la totalité du bouillon mis à part. Salez et poivrez (n'oubliez pas que le bouillon est déjà salé).

• Ajoutez la crème ou l'huile d'olive et servez. Vous pouvez aussi servir le velouté tel quel, sans ajout de crème ni d'huile d'olive, si vous désirez plus de légèreté et de diététique ; mais sachez que même avec crème ou huile cette préparation, comme la plupart des soupes de légumes d'ailleurs, demeure malgré tout pauvre en matières grasses.

Crème ou huile d'olive ? C'est uniquement affaire de goût ou d'affinités régionales... mais permettez-moi de piquer une colère contre ce préjugé bien ancré qui stipule que « la crème c'est lourd et gras, l'huile d'olive c'est léger ». Sachez que l'huile d'olive, c'est 100 % de matières grasses comme toutes les huiles ; la crème (entière) oscille entre 30 et 45 % de MG. Bon, elles ont chacune leurs vertus – différentes – pour la santé (vitamines pour la crème, acides gras mono-insaturés pour l'huile d'olive). N'étant pas diététicienne, je n'entrerai pas dans les détails ! Ma modeste recommandation est : choisissez ! L'une ou l'autre option donnera de toute façon un résultat délicieux et... léger.

En été, ce velouté peut être dégusté glacé. En ce cas, n'ajoutez crème ou huile qu'une fois refroidi, ainsi celles-ci conserveront leur saveur délicate. ∎

Je conclurai ce chapitre en vous précisant que, si Amélie se damnerait pour des courgettes, elle se délecte aussi de maints autres légumes. Épinards, choux-fleurs, choux de Bruxelles, brocolis ou grosses carottes-à-lapin (crues et même pas pelées !) ont ses faveurs toutes particulières. Sans parler des pois chiches, mojettes, petits pois et pois cassés ou autres flageolets, qui font également luire l'envie dans ses yeux. Et puis il y a encore les trognons crus de chicons ou de laitues, qu'elle vient me mendier à la cuisine et qu'elle savoure en rugissant de plaisir et en clamant : « Il n'y a *rien* de meilleur ! »

Les gambas et leurs 3 sauces

Si vous voulez changer de la mayo ou de la cocktail...

Préparation : 5 min

Pour 4 personnes

12 gambas géantes, cuites et refroidies

POUR CHAQUE SAUCE

- Commencez par monter en mayonnaise le jaune et l'huile, puis ajoutez peu à peu les ingrédients restants.
- Divisez les 3 sauces en 12 mini-raviers (soupières « tête de lion », verres à liqueur, coquetiers...) et servez avec les gambas, le tout très frais (couvrez les sauces de film alimentaire pour les empêcher de croûter). ■

Pour la sauce « chinoise »

1 jaune d'œuf

10 cl d'huile de sésame chinoise

1 gousse d'ail pressée

1 cuil. à café de gingembre frais râpé

1 trait de sauce soja

Quelques gouttes de Tabasco

Poivre noir

Pour la sauce « espagnole »

1 jaune d'œuf

10 cl d'huile d'olive espagnole fruitée

1 gousse d'ail pressée

1/2 dose de safran (véritable ! ne lésinez pas sur la qualité !) en poudre

1 cuil. à soupe de brunoise de poivron jaune cru (tout petits dés de 1 à 2 mm de côté)

1 cuil. à café de jus de citron jaune

Sel, poivre

Pour la sauce « thaïe »

1 jaune d'œuf

10 cl d'huile de colza « première pression à froid »

1 cuil. à soupe de crème de noix de coco non sucrée (épiceries asiatiques)

1 citron vert (zeste finement râpé)

1/2 citron vert (jus)

1 gousse d'ail pressée

1 cuil. à soupe de coriandre fraîche ciselée

1 cuil. à café de curry (pâte ou poudre)

Sel, poivre

Le « taboulé » maïs-coriandre

En variante aux traditionnels boulghour ou semoule, le maïs (frais, en conserve ou surgelé) offrira un « taboulé » plus croquant que la version classique – pas nécessairement meilleure, mais, comme on dit à Bruxelles, pour une fois changer ! Est-il par ailleurs nécessaire de préciser qu'Amélie raffole de la verte coriandre et courtise avec ravissement les joues dodues et suaves des spirituels grains de maïs…

Préparation : 10 min
Repos au frais : 2 h

Pour 4 personnes

400 g de maïs cuit et refroidi (ou en conserve, égoutté)

1 grosse tomate (du Sud, là où il y a du soleil !) pelée, épépinée et coupée en dés

1 citron jaune (jus)

1 botte d'oignons fanes coupés très fins

1 grosse gousse d'ail, écrasée

1 belle botte de coriandre fraîche, ciselée

Une bonne huile d'olive à volonté

Sel, poivre

• Il suffit de tout mélanger, au moins 2 h à l'avance pour que les saveurs se développent.

• Et, si vous les aimez, l'adjonction de quelques pois chiches (en ce cas, utilisez 300 g de maïs et 100 g de pois chiches cuits) ne pourra que recueillir vos suffrages… et ceux d'Amélie, marraine de cette recette ! ■

Les Saint-Jacques à la « kumquette » d'huîtres

Si vous voulez voir Amélie délirer, donnez-lui des Saint-Jacques. Et pour la voir exulter, essayez donc les huîtres.

Pour votre édification personnelle, faites passer devant son petit nez des kumquats, de la coriandre, des noix...

Pourquoi ne réuniriez-vous pas toutes ces composantes en un hors-d'œuvre subtil et léger que, selon votre humeur du jour, vous pourrez décliner en 2 versions ?

Préparation : 20 min
Cuisson (pour version chaud-froid) : 4 min

Pour 4 personnes

12 petites huîtres plates
12 noix de Saint-Jacques, coraillées ou non, selon votre préférence
1 citron jaune
16 kumquats
1 belle botte de coriandre fraîche
12 cerneaux de noix
4 cuil. à soupe d'huile de noix, ou d'huile d'olive pour la version chaud-froid
Fleur de sel
Poivre blanc

- Commencez par ouvrir les huîtres, videz leur eau dans un petit bol.
- Lavez et séchez les kumquats, coupez-les en petits dés en ôtant les nombreux pépins ; mélangez-les aux noix concassées, à la coriandre ciselée et à l'huile de noix ; ajoutez-y l'eau des huîtres.
- Pelez le citron jaune à vif, tranchez-le et préparez 12 morceaux de pulpe en coupant les rondelles obtenues en triangles.

VERSION CARPACCIO

- Escalopez le plus finement possible les noix de Saint-Jacques, en laissant les coraux intacts.
- Disposez 3 huîtres au centre de 4 assiettes, entourez-les de lamelles de Saint-Jacques. Nappez celles-ci de la « kumquette » au jus d'huître.
- Donnez 1 petit tour de moulin à poivre blanc sur chaque huître, poivrez avec autant de légèreté les Saint-Jacques ; enfin, saupoudrez ces dernières de quelques grains de fleur de sel.
- Posez 1 morceau de pulpe de citron sur chaque huître et servez immédiatement.

VERSION CHAUD-FROID

• Posez 3 huîtres au centre de 4 assiettes. Donnez sur chacune un tour de moulin à poivre blanc, surmontez d'un morceau de pulpe de citron.

• Chauffez une poêle antiadhésive, versez-y un soupçon d'huile d'olive (pas d'huile de noix : celle-ci ne supporte pas la cuisson). Poêlez brièvement les Saint-Jacques (laissées entières) sur chaque face : elles doivent juste être dorées. Évitez toute surcuisson qui les transformerait en pneus de vélo.

• Disposez-les autour des huîtres et nappez-les de « kumquette », donnez un tour de moulin à poivre blanc et salez comme en version carpaccio. Servez vite pour jouir du chaud-froid.

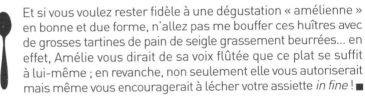

Et si vous voulez rester fidèle à une dégustation « amélienne » en bonne et due forme, n'allez pas me bouffer ces huîtres avec de grosses tartines de pain de seigle grassement beurrées... en effet, Amélie vous dirait de sa voix flûtée que ce plat se suffit à lui-même ; en revanche, non seulement elle vous autoriserait mais même vous encouragerait à lécher votre assiette *in fine* ! ∎

La Montagne magique version
Amélie, cette dernière détenant
le record non homologué
de vitesse de « descension »
dudit mont sacré.

Amélie armée d'un sabre nippon.
Peut-être s'apprête-t-elle à mettre
en pièces un poulet rôti ou à taillader
une pièce montée en poussant
des borborygmes gutturaux dignes
d'un samouraï de Kurosawa.

La vénérable Maison Dandoy de Bruxelles, réputée pour ses spéculoos plus grands que vous mais aussi ses sablés très fondants et ses pains à la grecque kilométriques et croustillants. Poussez la porte de cet établissement pour vous shooter au parfum entêtant du beurre, des épices et du caramel...

Où trouver cette caverne d'Ali Baba ? Rue au Beurre, ben voyons !

Il y avait déjà *Le Bal des vampires* et *Frankenstein junior* ; dans la lignée de Polanski et Mel Brooks, je vous présente la vampirette glycophage prête à planter ses tresses et ses canines pointues dans un gâteau dégoulinant de chocolat.

La cuisine de Prétextat... et autres personnages

Ce chapitre n'a d'autre but que de proposer au lecteur un petit « trou normand littéraire », et de lui prouver, si besoin était, que si Amélie s'est amusée à nous concocter des cauchemars culinaires, elle nous a aussi gratifiés d'un délice céleste dégusté avec une sensualité aussi bestiale qu'émouvante... démonstration en 2 recettes phares.

66

— Alors la métaphore, c'est la cuisine — et vous aimez la cuisine.

— Non, monsieur, la métaphore n'est pas la cuisine — la cuisine, c'est la syntaxe. La métaphore, c'est la mauvaise foi ; c'est mordre dans une tomate et affirmer que cette tomate a le goût du miel, ensuite manger du miel et affirmer que ce miel a le goût du gingembre, puis croquer du gingembre et affirmer que ce gingembre a le goût de la salsepareille, après quoi…

Prétextat Tach in *Hygiène de l'assassin*, 1992

99

71

(L'apéritif)
de Prétextat

Très au fait de la diététique, Prétextat Tach a résolu en deux coups de cuillère à pot le dilemme qui turlupine tout cuisinier : quelle matière grasse utiliser ?
… Ben voyons, toutes à la fois. Beurre et crème, lait concentré et beurre, gras figé et lard, rillettes et huile de sardine. Il suffisait d'y penser !

Alexandra

Préparation : 2 min

**Cocktail
pour 1 personne**

2 cl de crème de cacao
2 cl de cognac
2 cl de crème fraîche

• Mélangez le tout dans un shaker et versez sur un glaçon.

ALEXANDRA VERSION PRÉTEXTAT

• Remplacez la crème par autant de lait concentré sucré et 1 noix de beurre.

• Et accompagnez votre breuvage de canapés à l'huile de sardine et/ou à la graisse de rillettes – car il est bien connu qu'il est très mauvais de boire à jeun… ■

"

Il s'empara de l'une des grandes coupes métalliques, y versa une belle dose de crème de cacao, puis de cognac. Ensuite, il eut un regard futé pour le journaliste.

— Et maintenant, vous allez connaître le secret du chef. Le commun des mortels incorpore un dernier tiers de crème fraîche. Je trouve ça un peu lourd, alors j'ai remplacé cette crème par une dose équivalente de… (il empoigna une boîte de conserve) lait concentré sucré (il joignit le geste à la parole).

— Mais ce doit être atrocement écœurant ! s'exclama le journaliste, aggravant son cas.

— Cette année, l'hiver est doux. Quand il est rude, j'agrémente mon alexandra d'une grosse noix de beurre fondu.

— Pardon ?

— Oui. Le lait concentré est moins gras que la crème, alors il faut compenser.

Hygiène de l'assassin, 1992

"

66

— Des tripes à la graisse d'oie au petit déjeuner ?

— C'est excellent.

— Et avec ça, un alexandra ?

— Non, jamais en mangeant. Du temps où j'écrivais, je prenais un café fort. À présent, je préfère un lait de poule. Ensuite, je sors faire les commissions et je passe la matinée à me mitonner des mets raffinés pour le déjeuner : beignets de cervelle, rognons en daube…

[…]

Mais le soir, je mange assez léger. Je me contente de choses froides, telles que des rillettes, du gras figé, du lard cru, l'huile d'une boîte de sardines — les sardines, je n'aime pas tellement, mais elles parfument l'huile : je jette les sardines, je garde le jus, je le bois nature. Juste ciel, qu'avez-vous ?

— Rien. Continuez, je vous prie.

— Vous avez mauvaise mine, je vous assure. Avec

ça, je bois un bouillon très gras que je prépare à l'avance : je fais bouillir pendant des heures des couennes, des pieds de porc, des croupions de poulet, des os à moelle avec une carotte. J'ajoute une louche de saindoux, j'enlève la carotte et je laisse refroidir durant vingt-quatre heures. En effet, j'aime boire ce bouillon quand il est froid, quand la graisse s'est durcie et forme un couvercle qui rend les lèvres luisantes. Mais ne vous en faites pas, je ne gaspille rien, n'allez pas croire que je jette les délicates viandes. Après cette longue ébullition, elles ont gagné en onctuosité ce qu'elles ont perdu en suc : c'est un régal que ces croupions de poulet dont le gras jaune a acquis une consistance spongieuse... Qu'avez-vous donc ? [...] le teint livide du journaliste vira au vert : il décampa en courant, plié en deux, la main sur la bouche.

Hygiène de l'assassin, 1992

Au sujet des profiteroles de Bernadette Bernardin)

"

Le dessert fut une catastrophe. C'est l'unique plat dont je me souvienne, et pour cause : des profiteroles avec une saucière de chocolat fondu. Le kyste s'excita à la vue du chocolat. Il voulut garder la saucière et nous laisser les choux. Juliette et moi étions ouverts à ce genre de suggestion, nous désirions surtout éviter les drames. C'est Monsieur Bernardin qui s'interposa.

Nous assistâmes à une querelle conjugale du troisième

type. Le médecin se leva et déposa d'autorité quelques profiteroles dans l'assiette de sa moitié. Puis il les nappa d'une dose raisonnable de chocolat et mit la saucière hors de sa portée. Dès que s'éloigna l'objet de sa convoitise, l'épouse commença à pousser des gémissements qui n'avaient rien d'humain. Les tentacules s'allongeaient autant que possible vers le Graal. Le docteur prit ce dernier et le serra contre lui en disant d'une voix ferme :

— Non. Tu ne peux pas. Non.

Hurlements de Bernadette.

Ma femme murmura :

— Monsieur, vous pouvez la lui donner. Je peux refaire fondre du chocolat, c'est facile.

Cette intervention fut ignorée. Le ton montait entre les Bernardin. Il criait : « Non ! » et elle criait quelque chose qui s'apparentait à un idiome. Peu à peu, nous identifiâmes un son :

— Soupe ! Soupe !

Ainsi, elle avait cru avoir affaire à une variante de sa nourriture de base. J'eus la sottise de dire :

— Non, madame, ce n'est pas de la soupe, c'est de la sauce. On ne mange pas cela de la même façon.

Le kyste sembla trouver que j'étais byzantin avec mes précisions ridicules et il hurla de plus belle.

Juliette et moi aurions voulu être ailleurs. La dispute ne cessait d'empirer, aucun apaisement ne s'annonçait.

Palamède recourut alors à une solution à laquelle même Salomon n'eût pas songé : il enleva la cuiller du récipient, la lécha, puis but le contenu de la saucière d'un trait. Ensuite, il la déposa, l'air d'avoir trouvé ce chocolat ignoble.

Il y eut une dernière clameur kystique, déchirée :

— Soupe !

Après quoi, la chose se tassa, matée, désolée. Elle ne toucha pas à son assiette.

Ma femme et moi, nous étions révoltés. Quel sale type ! S'être forcé à laper une sauce qu'il n'aimait pas, sous prétexte d'enseigner les bonnes manières à cette malheureuse handicapée ! Pourquoi ne tolérait-il pas que son épouse ait du plaisir ? J'étais prêt à me lever afin de préparer une casserole entière de chocolat fondu pour ce pauvre mammifère. Mais j'eus peur une nouvelle fois de la réaction du tortionnaire.

Dès cet instant, Bernadette nous inspira une sympathie pleine de tendresse.

Après le dîner, nous réinstallâmes la masse de notre invitée dans le canapé tandis que le docteur se laissait tomber dans son fauteuil. Juliette proposa des cafés. Monsieur accepta ; madame, qui boudait, n'émit aucun son.

Ma femme n'insista pas et disparut à la cuisine. Dix minutes plus tard, elle revint avec trois cafés et une grande tasse de chocolat fondu.

— De la soupe, dit-elle en la tendant à la chose avec un gentil sourire.

Palamède eut l'air plus mécontent que jamais, mais il n'osa pas protester. J'eus envie d'applaudir : comme d'habitude, Juliette avait eu plus de courage que moi.

Le kyste lampait la sauce avec des beuglements de volupté. C'était répugnant, mais nous étions ravis. La colère rentrée de son mari nous rendait encore plus heureux.

Les Catilinaires, 1995

"

Les profiteroles de Bernadette Bernardin

Préparation : 15 min
Cuisson des choux :
20 à 30 min
Cuisson de la crème :
20 min
Repos au frais
(crème) : 1 h

Pour 40 à 60 choux

Pour la pâte à choux
25 cl de lait
110 g de beurre
4 œufs moyens (environ
250 g avec leurs coquilles)
150 g de farine fluide
2 cuil. à café de sucre
en poudre
Sucre glace pour
saupoudrer
1 cuil. à café de sel

Pour la crème : voir p. 81

Pour la sauce au
chocolat : voir p. 82

LES CHOUX

• Préparez une grande poche à douille unie (Ø 1,5 cm).

• Couvrez la plaque du four d'une feuille de papier cuisson.

• Allumez le four à 220 °C (th. 7-8).

• Dans une casserole d'un litre, portez à ébullition le lait avec beurre, sel, sucre en poudre. Hors du feu, ajoutez la farine d'un seul coup, mélangez à la spatule, remettez sur feu très doux pendant quelques dizaines de secondes jusqu'à obtenir une boule de pâte qui se détache de la casserole. Transvasez la pâte dans un saladier et laissez-la légèrement refroidir pendant 1 min.

• Cassez-y ensuite 2 œufs, fouettez vivement jusqu'à incorporation. Ajoutez encore 1 œuf et procédez de même. Ne jetez pas encore les coquilles vides !

• Cassez le 4e œuf dans une tasse et battez-le à la fourchette pour bien homogénéiser le jaune et le blanc. Ajoutez peu à peu tout ou partie de cette omelette à la pâte, qui *in fine* doit se révéler souple mais surtout pas coulante. Sa consistance doit approcher celle d'une purée de pommes de terre « standard ».

Note technique : la taille des œufs et les diverses qualités de farine étant variables, procédez par à-coups lors de l'incorporation du 4e œuf. Avec l'habitude et l'utilisation des mêmes ingrédients, le processus sera grandement simplifié.

• Transférez la pâte dans la poche et dressez des choux de la grosseur d'une prune reine-claude sur la plaque du four. Trempez votre doigt dans ce qui reste d'œuf battu au fond de la tasse ou de blanc d'œuf dans une des demi-coquilles vides et aplatissez les petits pics de pâte au sommet de chaque chou.

Vous obtiendrez ainsi des profiteroles bien rondes après cuisson.

• Poudrez légèrement les choux de sucre glace avant cuisson, puis enfournez en maintenant la porte du four entrouverte avec une spatule, pour éliminer l'excès de vapeur dégagée à la cuisson. Durée : de 20 à 30 min, en abaissant la température du four après 10-15 min si nécessaire.

 Note technique : selon l'aptitude de votre four à cuire de façon homogène ou non, il se peut qu'à mi-cuisson vous soyez amené à tourner la plaque devant-derrière (sauf votre respect...) afin que tous les choux atteignent une coloration similaire. Menez cette opération le plus rapidement possible afin d'empêcher les profiteroles de retomber !

• Laissez les profiteroles refroidir sur une grille.

Pour la crème légère

75 g de sucre en poudre
1 cuil. à soupe de sucre glace
+ un peu pour saupoudrer
20 g de Maïzena
3 jaunes d'œufs
25 cl de lait entier
20 cl de crème fleurette
1 gousse de vanille ou 1 cuil. à café de vanille en poudre ou d'extrait de vanille liquide

LA CRÈME LÉGÈRE

• Faites une crème pâtissière : si vous avez opté pour la vanille en gousse, fendez celle-ci dans sa longueur, grattez soigneusement l'intérieur pour récupérer les graines et mettez le tout dans une casserole avec le lait, portez à ébullition, retirez du feu et laissez infuser 10 min ; retirez la gousse.

Et si vous n'avez pas choisi l'option « vanille en gousse », mélangez le lait et l'arôme vanille.

• Dans une casserole, fouettez les jaunes et le sucre jusqu'à blanchiment (inutile d'en faire trop, arrêtez dès que le sucre est bien incorporé) puis ajoutez la Maïzena en la tamisant. Délayez avec le lait vanillé tiède (ou froid, ça marche tout aussi bien !).

• Portez à ébullition sur feu moyen, laissez bouillonner 1 ou 2 min (la Maïzena ne nécessitant pas de longue ébullition).

• Laissez refroidir après avoir légèrement poudré de sucre glace la surface de la crème pour éviter la formation d'une peau. Mettez au réfrigérateur.

• Fouettez la crème fleurette en chantilly ferme avec le sucre glace (voir Le Mont Fuji, p. 32).

• • •

• Fouettez la crème pâtissière totalement refroidie pour l'homogénéiser, puis incorporez-y la chantilly à la spatule.

• Remplissez de cette crème une seringue ou une poche munie d'une douille cylindrique fine et pointue (Ø 5 mm). Garnissez les choux en y perçant un petit trou.

• Posez les profiteroles une fois garnies sur le plat de service et entreposez au réfrigérateur le temps de faire la sauce.

Pour la sauce au chocolat
200 g de chocolat noir
20 cl de crème liquide

AU MOMENT DE SERVIR, PRÉPAREZ LA SAUCE CHAUDE AU CHOCOLAT

• Portez la crème à ébullition puis, hors du feu, versez-y le chocolat noir cassé en morceaux. Il fondra tout seul, et sans attacher au fond de la casserole.

• Une fois le chocolat fondu, fouettez pour rendre la sauce homogène, réchauffez-la légèrement (si vous le souhaitez, mais ce n'est pas indispensable) sur le feu ou au micro-ondes.

• Saupoudrez les profiteroles de sucre glace et servez-les avec la sauce chaude au chocolat.

Que vous n'êtes pas obligé de boire à même la saucière... ∎

82

Genèse de la passion d'Amélie pour le chocolat blanc

"

—C'est du chocolat blanc de Belgique, dit la grand-mère à l'enfant qu'elle découvre.

De ces mots, Dieu ne comprend que « blanc » : il connaît, il a vu ça sur le lait et les murs. Les autres vocables sont obscurs : « chocolat » et surtout « Belgique ». Entre-temps, le bâton est près de sa bouche.

—C'est pour manger, dit la voix.

Manger : Dieu connaît. C'est une chose qu'il fait souvent. Manger, c'est le biberon, la purée avec des morceaux de viande, la banane écrasée avec la pomme râpée et le jus d'orange. Manger, ça sent. Ce bâton blanchâtre a une odeur que

83

Dieu ne connaît pas. Ça sent meilleur que le savon et la pommade. Dieu a peur et envie en même temps. Il grimace de dégoût et salive de désir.

En un soubresaut de courage, il attrape la nouveauté avec ses dents, la mâche mais ce n'est pas nécessaire, ça fond sur la langue, ça tapisse le palais, il en a plein la bouche — et le miracle a lieu.

La volupté lui monte à la tête, lui déchire le cerveau et y fait retentir une voix qu'il n'avait jamais entendue :

— C'est moi ! C'est moi qui vis ! C'est moi qui parle ! Je ne suis pas « il » ni « lui », je suis moi ! Tu ne devras plus dire « il » pour parler de toi, tu devras dire « je ». Et je suis ton meilleur ami : c'est moi qui te donne le plaisir.

Ce fut alors que je naquis, à l'âge de deux ans et demi, en février 1970, dans les montagnes du Kansai, au village de Shukugawa, sous les yeux de ma grand-mère paternelle, par la grâce du chocolat blanc.

La voix, qui depuis ne s'est jamais tue, continua à parler dans ma tête :

— C'est bon, c'est sucré, c'est onctueux, j'en veux encore ! Je remordis dans le bâton en rugissant.

— Le plaisir est une merveille, qui m'apprend que je suis moi. Moi, c'est le siège du plaisir. Le plaisir, c'est moi : chaque fois qu'il y aura du plaisir, il y aura moi. Pas de plaisir sans moi, pas de moi sans plaisir !

Le bâton disparaissait en moi, bouchée par bouchée. La voix hurlait de plus en plus fort dans ma tête :

— Vive moi ! Je suis formidable comme la volupté que je ressens et que j'ai inventée ! Sans moi, ce chocolat est un bloc de rien. Mais on le met dans ma bouche et il devient le plaisir. Il a besoin de moi.

Cette pensée se traduisait par des éructations sonores de plus en plus enthousiastes. J'ouvrais des yeux énormes, je secouais les jambes de joie. Je sentais que les choses s'imprimaient dans une partie molle de mon cerveau qui gardait trace de tout.

Morceau par morceau, le chocolat était entré en moi. Je m'aperçus alors qu'au bout de la friandise défunte il y avait une main et qu'au bout de cette main il y avait un corps surmonté d'un visage bienveillant. En moi, la voix dit :

— Je ne sais pas qui tu es mais vu que tu m'as apporté à manger, tu es quelqu'un de bien.

Métaphysique des tubes, 2001

La coupe glacée Amélie

Tout comme le grand Escoffier donna un jour le nom d'une coupe glacée à la danseuse Nelly Melba pour laquelle il en pinçait, la non moins grande Juliette (de là à me comparer au Grand Homme, il n'y a qu'un pas...) n'a pu s'empêcher de créer une coupe « spéciale Amélie », réunissant en une généreuse avalanche glacée 4 saveurs dont Amélie raffole, à commencer par le chocolat blanc, puisqu'il fut le tout premier orgasme gastronomique d'Amélie. La douceur régressive du chocolat blanc est ici tempérée par le soupçon de sel du pignon de pin grillé, le parfum très marqué de l'eau de fleur d'oranger et l'acidulé des myrtilles sauvages.

Préparation : 5 min
Cuisson : 15 min
Refroidissement : 1 h
Prise au froid : 8 h

Pour 4 personnes
ou 2 convives qui n'ont
pas froid aux yeux

Pour la glace maison
25 cl de lait entier
15 cl de crème fleurette
3 jaunes d'œufs
100 g de sucre en poudre
50 g de sucre glace
1 pincée de Maïzena
2 feuilles de gélatine (4 g)

LA GLACE MAISON

Attention : ne vanillez pas la glace, vous risqueriez de superposer les saveurs !

• Mettez un saladier et un fouet au congélateur.

• Mettez les feuilles de gélatine à ramollir dans un bol d'eau froide.

• Dans une casserole moyenne à fond épais, fouettez les jaunes et le sucre jusqu'à blanchiment. Ajoutez la Maïzena tamisée puis délayez peu à peu avec le lait.

• Faites épaissir ce mélange sur feu très doux en remuant constamment jusqu'à léger épaississement. Vous devez obtenir une consistance nappante mais surtout ne pas laisser bouillir. La petite pincée de Maïzena vous aidera à empêcher la crème de tourner si, malgré votre surveillance acharnée, un petit bouillon furtif se produisait.

• Hors du feu, faites-y fondre la gélatine préalablement essorée entre vos mains, puis dans du papier absorbant. Fouettez, la dissolution sera très rapide.

Et aussi

100 g de chocolat blanc
70 g de pignons de pin
1 cuil. à café d'eau de
fleur d'oranger
Sel fin

• Ajoutez le chocolat blanc coupé en petits morceaux et laissez-le fondre dans la crème encore chaude. Mélangez bien.

• Laissez refroidir à température ambiante.

• Ajoutez les pignons de pin très légèrement salés puis blondis au four, ainsi que l'eau de fleur d'oranger.

• Sortez le saladier et le fouet du congélateur. Dans le saladier bien froid, fouettez la crème et le sucre glace en chantilly molle et intégrez cette dernière à la spatule, délicatement, à la crème.

• Mettez le tout au congélateur dans un récipient (plastique, inox) rond (pour faciliter le battage).

• Au bout de 15 min, sortez la glace, refermez le congélateur, fouettez avec l'énergie de l'espoir en détachant bien les bords dès que ceux-ci commenceront, les premiers, à prendre. Renouvelez l'opération toutes les 15 min jusqu'à la prise complète de la glace.

Pour servir

250 g de myrtilles
sauvages
60 g de sucre en poudre
200 g de chantilly sucrée
4 cerises « maraschino »
(cerises à cocktails) ou
des amarena
Quelques copeaux
de chocolat blanc

AU MOMENT DE SERVIR

• Versez dans 4 coupes évasées les myrtilles écrasées avec le sucre, 2 boules de glace par-dessus (inutile de noyer la glace sous le coulis : le mélange doit se faire à la dégustation), décorez d'une rosette de chantilly et surmontez d'une cerise (petite, Amélie, lorsque les « grands » se tapaient un *drink* – comme on affectait de le dire à l'époque –, ne manquait jamais de réclamer à cor et à cri « la cerise ! la ceriiiise ! »).

• Terminez avec les copeaux et plongez-vous dans le monde mystique des saveurs améliennes ! ■

Au même titre que le *fritkot* de la place Flagey, ce célèbre café est un des quartiers généraux d'Amélie à Bruxelles. Pour y déguster une gueuze bien sûr, mais aussi pourquoi pas une gargantuesque tartine de pain bis au *plattekees* (fromage blanc), aux radis et aux ciboules.

Que Napoléon se console : s'il a perdu à Waterloo, il aura au moins inspiré à un distillateur belge cette liqueur parfumée avec laquelle un célèbre restaurant de Bruxelles flambe ses crêpes. Touristes britanniques, néerlandais ou prussiens sont K.O. sous les effluves de l'alcool, du sucre et du beurre... on prend sa revanche comme on peut.

Détournements de recettes pour Amélie

Ce chapitre purement ludique mais non moins gastronomique a pour objectif

franchement ambitieux et décomplexé d'illustrer, par le biais de la cuisine,

le talent si propre à Amélie de sortir des sentiers battus.

Mon principe de base est d'avoir sélectionné 4 recettes « classiques » pour leur

appliquer des variantes pas si loufoques que ça, et délicieuses en sus, puisque

Amélie, dégustatrice avertie, les a toutes testées !

Comme de bien entendu (voir le commentaire du chapitre 1, p. 30), nous

commencerons par les recettes sucrées.

(Variation sur… les glaces maison)

À vous les glaces sans sorbetière… et sans souci ! Vous qui décidez de vous lancer dans la confection de glaces mais qui ne possédez pas de sorbetière, gardez en mémoire qu'il existe au moins **6 ficelles du métier** pour empêcher une glace de cristalliser ou d'être dure comme un pavé, deux fâcheux résultats que l'utilisation d'une sorbetière est censée éviter :

LA RICHESSE EN MATIÈRE GRASSE

Crème, jaunes d'œufs… Hélas pour les fans de diététique, la matière grasse abaisse le point de gel.

LA RICHESSE EN SUCRE

Lui aussi abaisse le point de gel. Sachez par ailleurs qu'une glace doit « malheureusement » être plus riche en sucre qu'un entremets non gelé, car le froid réduit fortement la saveur du sucre. Faites une simple expérience en laissant dégeler un peu de glace du commerce : fondue, elle vous paraîtra trop sucrée, alors que sous sa forme de glace elle était « parfaite ». Enfin, le sucre glace favorise, lui aussi, l'onctuosité souhaitée.

L'ALCOOL

Encore un élément qui abaisse, fortement cette fois, la température de prise de la glace, surtout s'il s'agit d'alcools forts (eaux-de-vie, etc.). Rappelez-vous cette bouteille de vodka-qui-rend-sourd-et-aveugle, qui traîne au congélateur sans jamais geler, devenant tout au plus huileuse ou sirupeuse.

LA GÉLATINE

Nettement plus diététique que les 3 ingrédients précités, la gélatine (à très petites doses pour ne pas influer sur la saveur) donne des résultats très concluants.

ET ENFIN, CARRÉMENT « FITNESS » : L'HUILE DE BRAS !

En effet, si vous fouettez énergiquement votre glace environ toutes les 15 min pendant sa prise, elle présentera non seulement très peu ou pas du tout de cristaux mais sera aussi relativement tendre. De plus, vous y perdrez de manière préventive des tas de calories… sauf si vous utilisez un fouet électrique, vilain(e) !

Dernier truc – à ma connaissance – pour que votre glace vous comble d'aise, *mangez-la vite* ! Les glaces maison, exemptes des conservateurs et émulsifiants présents dans la plupart des glaces du commerce, ont l'inconvénient de mal se conserver : formation de givre, durcissement… Alors, faites-vous une douce violence, et finissez-moi ce pot à minuit avec votre amoureux(se)…

Sur les bases que nous venons d'établir, vos glaces maison peuvent se décliner à l'infini, au gré de votre imagination et de vos goûts, allant des saveurs les plus classiques aux parfums les plus ébouriffants !

Glace maison...
à la vanille (ben tiens !)

Préparation : 10 min
Cuisson : 15 min
Prise au froid : 8 h

Pour 4 personnes

25 cl de lait entier
15 cl de crème fleurette
(**pas** UHT, s'il vous plaît !)
3 jaunes d'œufs
100 g de sucre en poudre
50 g de sucre glace
1 pincée de Maïzena
2 feuilles de gélatine (4 g)
1 gousse de vanille
(ou 1 cuil. à café de bon
extrait de vanille ou
de vanille en poudre, ou
encore 1 sachet de sucre
vanillé)

• Mettez un saladier et un fouet au congélateur.

• Fendez la gousse de vanille longitudinalement, mettez-la dans une casserole avec le lait. Portez à ébullition, retirez du feu et laissez infuser au minimum 10 min. (Cette opération peut être zappée si vous parfumez votre glace *in fine* avec 1 cuil. à café de bon extrait de vanille ou de vanille en poudre, ou encore de 1 sachet de sucre vanillé.)

• Mettez les feuilles de gélatine à ramollir dans un bol d'eau froide.

• Dans une casserole moyenne à fond épais, fouettez les jaunes et le sucre jusqu'à blanchiment. Ajoutez la Maïzena tamisée puis délayez peu à peu avec le lait.

• Faites épaissir ce mélange sur feu très doux en remuant constamment jusqu'à léger épaississement. Vous devez obtenir une consistance nappante mais surtout ne pas laisser bouillir. La petite pincée de Maïzena vous aidera à empêcher la crème de tourner si, malgré votre surveillance acharnée, un petit bouillon furtif se produisait.

• Hors du feu, faites-y fondre la gélatine préalablement essorée entre vos mains (que, bien entendu, je présume propres...) puis dans du papier absorbant. Fouettez, la dissolution sera très rapide. Parfumez si vous utilisez extrait ou poudre de vanille et laissez refroidir à température ambiante.

• Sortez le saladier et le fouet du congélateur. Dans le saladier bien froid, fouettez la crème et le sucre glace en chantilly molle et intégrez cette dernière à la spatule, délicatement, à la crème vanillée.

• Mettez le tout au congélateur dans un récipient (plastique, inox) rond (pour faciliter le battage).   **• • •**

- Au bout de 15 min, sortez la glace, refermez le congélateur, fouettez avec l'énergie de l'espoir en détachant bien les bords dès que ceux-ci commenceront, les premiers, à prendre. Renouvelez l'opération toutes les 15 min jusqu'à la prise complète de la glace.

 En fait, vous voilà métamorphosé en sorbetière humaine : dès que le mélange devient trop dur pour être battu, éjection automatique des fouets : c'est prêt !

10 MIN AVANT LA DÉGUSTATION

- Tâtez la glace du bout du doigt. Si elle est trop dure à votre goût, sortez-la du congélateur. Mais si vous venez de la faire, elle devrait être consommable immédiatement.

Note de votre servante : à mon humble avis, n'utilisez la vanille que dans des glaces ou desserts qui réclament sa présence de par leur intitulé : glace à la vanille, crème pâtissière ou anglaise à la vanille... N'oubliez pas que cette épice, comme toutes ses sœurs, a sa saveur bien à elle, et que ce serait lui faire insulte que d'en faire usage comme parfum « fourre-tout » dans n'importe quel dessert, au même titre que muscader tout plat salé sans discernement est une aberration culinaire. Si tout avait le même goût, comme ce serait triste !

Ce que je veux dire par là, c'est que par exemple une chantilly, un flan, une pâte sablée ne doivent pas nécessairement être vanillés, si vous voulez retrouver le goût brut de la crème, de l'œuf ou du beurre. Essayez, juste pour voir...

Cela étant, il reste que certaines associations de parfums très heureuses sont à préserver, parce qu'elles ont fait leurs preuves et parce que la vanille n'y joue pas les « utilités ». Elles sont nombreuses... mais selon moi la plus incontournable demeure le mariage crème de marrons/vanille.

Café, chocolat, pistache... inutile de rabâcher les parfums classiques, vous les connaissez parfaitement. Ils sont délicieux et indémodables.

Mais si vous voulez changer ? Découvrir ? Vous déchaîner ?

Glaces insolites

J'ai vu, en Italie, une glace au **riz au lait,** ou encore au **malt** (à se procurer en magasin bio ou dans les épiceries américaines). Au Royaume-Uni, on se pourlèche de glace au **pain complet** (grillé ou non) ou aux **flocons d'avoine.** Quant aux États-Unis, c'est du délire complet, entre inclusions de **chocolats fourrés,** tourbillons de *peanut butter* swinguant avec la **gelée de raisin noir, sirop d'érable, noix de pécan au beurre...** Enfin au Japon, c'est la pâte sucrée aux **azukis** (haricots rouges), au goût proche de notre crème de marrons, qui parfume maints desserts, dont, bien sûr, les glaces. ■

Glaces aux graines

Très tendance, les graines : ajoutez à votre mélange de base (p. 97) **sésame** blondi au four, **pignons de pin** ou encore **graines de tournesol** légèrement grillés, **pavot noir** moulu... ■

Glaces au thé

D'abord, il y a les thés : **earl grey, lapsang souchong, thé vert matcha du Japon...** Tout est permis. Attention toutefois aux thés verts de Chine, très astringents, sauf si vous appréciez vraiment ce qui « décoiffe ».

• Suivez la recette de la Glace au thé darjeeling (p. 39) en remplaçant le darjeeling par le thé de votre choix. ■

Glaces aux infusions

Aux infusions : **tilleul** avec un peu de miel, **menthe, verveine, eau de fleur d'oranger...** bonne nuit !

• Suivez la recette de la Glace au thé darjeeling (p. 39) en remplaçant le darjeeling par le parfum de votre choix. ■

Glaces aux bonbons

Et même aux **fraises Tagada** fondues dans la crème encore chaude, ou aux **cuberdons** (tendre bonbon belgo-belge en forme de cône et parfumé à la framboise). Alors là, vous verrez la vie en rose ! ■

Glaces aux biscuits

Qui ne connaît les glaces aux **spéculoos** ou aux **amarettis** ? Si ces dernières sont presque devenues des classiques, d'autres méritent le détour :

Petits-beurre (de préférence au beurre demi-sel de Bretagne), **« goûters fourrés »** vanille ou chocolat ;

Pains d'amandes (biscuits belges extra-fins) ;

Cookies américains ;

... et pourquoi pas **madeleines, biscuits roses de Reims**, ou encore **gâteau breton** (ah ! ce goût de beurre salé...).

• Préparez une Glace maison (p. 97), sans la vanille, en ajoutant 100 g de biscuits moulus à la toute fin, c'est-à-dire au moment de mettre la glace au congélateur.

• Congelez en fouettant régulièrement. ■

Glaces au chocolat

Il reste évidemment les divers chocolats, comme **le Toblerone, le Nutella, le chocolat blanc…**

Mention spéciale à, peut-être, la plus « politiquement incorrecte » de toutes, que j'ai créée voici quelques années : la Glace aux **Chokotoff** (recette p. 102). Qui n'a jamais goûté à ces caramels belges au chocolat noir n'a qu'une idée approximative du bonheur !

En effet, sans vouloir faire de publicité, le fameux « Chokotoff de Côte d'Or » est un caramel belge inimitable qui renvoie ses pâles ersatz fabriqués dans d'autres pays à un sous-sol que par compassion pour les susdits nous ne chiffrerons pas. Pardonnez cet accès de chauvinisme, mais goûtez vous-même un de ces chefs-d'œuvre chocolatés et vous gémirez pour en recevoir un second… que dis-je là, un deuxième, puisque ce ne sera certainement pas le dernier ! Pâte de caramel noir dans une coque de chocolat noir croquant, ce petit bijou de simplicité, absolument pas écœurant pour notre malheur à tous, vous emprisonnera dans ses rets de caramel pour ne vous lâcher qu'une fois le paquet terminé !

Un jour donc, j'ai imaginé une glace aux Chokotoff, pensant avec effroi : « Mon Dieu ! ça va être *mortel* » – et de fait ! Mais… mortellement bon. ■

Glace aux Chokotoff

Préparation : 15 min
Cuisson : 15 min
Refroidissement : 1 h
Prise au froid : 8 h

Pour 4 personnes

36 Chokotoff
(eh oui ! pas moins...
faut que ce soit noir !)
25 cl de lait entier
10 cl de crème fleurette
3 jaunes d'œufs
75 g de sucre en poudre
1 cuil. à café de sucre
glace
1 pincée de Maïzena
2 feuilles de gélatine (4 g)
1 pincée de sel

• Commencez par couper chaque Chokotoff en trois à l'aide de ciseaux (c'est dur à couper, mais sinon cela met un siècle à fondre !)

• Placez un saladier et un fouet au congélateur.

• Mettez les feuilles de gélatine à ramollir dans un bol d'eau froide.

• Dans une casserole moyenne à fond épais, fouettez les jaunes et le sucre en poudre jusqu'à blanchiment. Ajoutez la pincée de Maïzena tamisée, puis délayez peu à peu avec le lait.

• Faites épaissir ce mélange sur feu très doux en remuant constamment jusqu'à léger épaississement.

Vous devez obtenir une consistance nappante mais surtout ne pas laisser bouillir. La petite pincée de Maïzena vous aidera à empêcher la crème de tourner si, malgré votre surveillance acharnée, un petit bouillon furtif se produisait.

• Hors du feu, faites-y fondre la gélatine préalablement essorée, ajoutez le sel, et mettez-y à fondre les morceaux de Chokotoff en remuant.

Cela prendra un certain temps, n'hésitez pas à remettre la crème par intermittence sur feu très doux ou même au bain-marie, tout en fouettant pour activer la fonte. Cela dit, quelques petits morceaux de chocolat et de caramel sont très plaisants au palais lors de la dégustation – et d'ailleurs il restera des morceaux, quelque énergie que vous y mettiez.

• Laissez refroidir à fond.

• Sortez le saladier et le fouet du congélateur. Dans le saladier bien froid, fouettez la crème et le sucre glace en chantilly molle et intégrez cette dernière à la spatule, délicatement, à la crème aux Chokotoff.

• Mettez le tout au congélateur et faites prendre la glace en fouettant toutes les 15 min, comme indiqué dans la recette de base de la Glace maison (p. 97).

• 10 min avant la dégustation, tâtez la glace du bout du doigt. Si elle est trop dure à votre goût, sortez-la du congélateur. Mais si vous venez de la faire, elle devrait être consommable immédiatement. ∎

(Variation sur... le banana split)

Tout le monde connaît le banana split, que ce soit celui de la chanson ou celui qui planque sous des flots de chantilly les parfums de glaces les plus hétéroclites, si pas carrément désassortis, coincés entre une banane éventrée et noyé de sauce au chocolat... horrible, non ? Mais voilà, c'est tellement bon ! Bon et amusant, car finalement on peut y mettre tout et n'importe quoi.
Et pourquoi pas en faire des desserts thématiques ? Voici mes versions personnelles, toutes essayées et approuvées par mes cobayes – dont Amélie, faut-il le préciser...
Pour chacune des versions, un élément demeure omniprésent : la **banane mûre à point**, coupée en deux dans la longueur, prête à accueillir dans sa chair voluptueuse des boules de glace qui ne resteront pas longtemps frigides (voir la recette de la Glace maison, p. 97).
Enfin, décorez chaque dessert de volutes plus ou moins volumineuses de chantilly maison bien ferme, vanillée ou non.
Les quantités des pages 105 à 113 sont prévues pour environ 4 personnes.

Banana split breton

« Breizh banana split » corrigeront les puristes aux chapeaux ronds.

Ingrédients

Banane coupée en deux
Glace au caramel
au beurre salé
Glace aux petits-beurre
Dés de pommes sautés
au beurre salé et flambés
au pommeau

GLACE AU CARAMEL AU BEURRE SALÉ

• Préparez une Glace maison (p. 97), sans la vanille, en ajoutant 100 g de crème de caramel au beurre salé (à acheter toute prête ou à confectionner vous-même) quand la crème aux œufs est bien chaude et que vous venez d'y dissoudre la gélatine.

• Congelez en fouettant régulièrement, comme indiqué dans la recette de base.

GLACE AUX PETITS-BEURRE (AU BEURRE SALÉ)

• Préparez une Glace maison (p. 97), sans la vanille, en ajoutant 100 g de petits-beurre (au sel de Guérande), moulus, à la toute fin, c'est-à-dire au moment de mettre la glace au congélateur.

• Congelez en fouettant régulièrement.

DÉS DE POMMES FLAMBÉS AU POMMEAU

• Coupez 2 petites pommes golden en dés.

• Faites-les sauter vivement et brièvement au beurre salé avec 2 cuil. à café de sucre en poudre.

• Flambez au pommeau.

FINAL

• Versez ces fruits tièdes ou froids sur les bananes – il convient de ne pas noyer les glaces d'un parfum surnuméraire, les dégustateurs s'en chargeront bien assez tôt. ■

Banana split corse

Il te plaît pas, mon banana split ? Ah ! il te plaît... tu vas voir...

GLACE AU BROCCIU AUX ZESTES DE CITRON

• Faites tremper 1 feuille de gélatine (2 g) dans un bol d'eau froide.

• Mixez 250 g de brocciu (ou brousse, ou ricotta) avec 100 g de sucre glace et le zeste râpé de 1 citron.

• Chauffez le jus de 1/2 citron et faites-y fondre la feuille de gélatine essorée.

• Mélangez immédiatement au brocciu sucré, ainsi que 10 cl de crème fleurette que vous aurez fouettée.

• Congelez en fouettant régulièrement.

GLACE À LA CHÂTAIGNE

• Préparez une Glace maison (p. 97), sans la vanille, en ajoutant 125 g de crème de marron vanillée et 1 cuil. à soupe de brisures de marrons confits ou glacés quand la crème aux œufs est bien chaude et que vous venez d'y dissoudre la gélatine.

• Congelez en fouettant régulièrement, comme indiqué dans la recette de base.

COULIS DE CLÉMENTINE

Vous avez le choix :

1. Version tire-au-flanc : détendez un peu de bonne confiture de clémentines de Corse à l'aide d'un peu de jus de clémentine fraîchement pressée (oui, oui, il faut *quand même* presser une clémentine...).

2. Mixez les quartiers de 2 clémentines (de Corse, faut-il le dire ?) pelés *à vif* (sans les membranes) avec 2 cuil. à café de sucre et 1 cuil. à café de jus de citron. Attention, ce coulis sera un peu plus liquide qu'un coulis de fruits rouges ou d'abricots, n'en noyez pas vos glaces au risque de compromettre toutes les saveurs.

3. *Idem* que ci-dessus, mais ne mixez pas, coupez seulement en petits dés.

FINAL

• Ponctuez les alentours du banana split corse de petites cuillerées de gelée de myrte (achetée dans un magasin corse !) et de coulis de clémentine. ■

Banana split grec

GLACE AUX NOIX

• Préparez une Glace maison (p. 97), sans la vanille, en ajoutant 100 g de noix moulues et 1 cuil. à soupe de sucre glace à la toute fin, c'est-à-dire au moment de mettre la glace au congélateur.

• Congelez en fouettant régulièrement, comme indiqué dans la recette de base.

GLACE AU YAOURT GREC

• Faites tremper 1 feuille de gélatine (2 g) dans un bol d'eau froide.

• Chauffez 5 cl de lait et faites-y fondre la feuille de gélatine ramollie et égouttée.

• Mélangez immédiatement la gélatine fondue dans le lait à 250 g de yaourt grec (10 % de MG), 100 g de sucre glace et 10 cl de crème fouettée.

• Congelez en fouettant régulièrement.

FINITION

• Arrosez de miel liquide, grec de préférence. ■

Banana split bruxellois

Alléééééz dis !

Ingrédients

Banane coupée en deux
Glace aux spéculoos
Glace au chocolat au lait
et aux éclats de noisettes
(chocolat belge,
s'entend !)
Sauce aux Chokotoff

GLACE AUX SPÉCULOOS

• Préparez une Glace maison (p. 97), sans la vanille, en ajoutant 150 g de spéculoos moulus à la toute fin, c'est-à-dire au moment de mettre la glace au congélateur.

• Congelez en fouettant régulièrement, comme indiqué dans la recette de base.

GLACE AU CHOCOLAT AU LAIT ET AUX ÉCLATS DE NOISETTES

• Préparez une Glace maison (p. 97), sans la vanille, en ajoutant 100 g de chocolat (belge !) lait-noisettes quand la crème aux œufs est bien chaude et que vous venez d'y dissoudre la gélatine.

• Congelez en fouettant régulièrement.

SAUCE AUX CHOKOTOFF

• Faire fondre 10 cl de lait entier et 100 g de Chokotoff avec 1 toute petite pincée de sel.

• Servir chaud. ■

Banana split gaumais

La Gaume étant, comme la Terre entière le sait, une magnifique région du sud de la Belgique.

Ingrédients

Banane coupée en deux
Glace à la « maquée »
Glace aux myrtilles
Sabayon à la bière de Rulles

GLACE À LA MAQUÉE

La maquée est une sorte de fromage blanc plutôt acidulé et mêlé de crème ; à défaut, un fontainebleau ou une faisselle à 6 % de matière grasse devraient faire l'affaire.

• Faites tremper 1 feuille de gélatine (2 g) dans un bol d'eau froide. Quand elle est ramollie, essorez-la et faites-la fondre dans 5 cl de lait chaud. Laissez refroidir à température ambiante.

• Mélangez avec 250 g de maquée, 75 g de sucre glace et 12,5 cl de crème (de préférence achetée à la ferme en même temps que la maquée !) fouettée.

• Congelez en fouettant régulièrement.

GLACE AUX MYRTILLES

• Faites tremper 1 feuille de gélatine (2 g) dans un bol d'eau froide.

• Mixez 250 g de myrtilles (que vous aurez cueillies dans la forêt…) avec 200 g de sucre glace.

• Chauffez le jus de 1/2 citron et faites-y fondre la feuille de gélatine essorée.

• Ajoutez immédiatement ce jus aux myrtilles sucrées, ainsi que 20 cl de crème fouettée.

• Congelez en fouettant régulièrement.

SABAYON À LA BIÈRE DE RULLES

Humble village gaumais où naquit le célèbre grammairien
Maurice Grevisse ; à défaut, une bière pas trop forte, brune
ou ambrée.
• Fouettez au bain-marie et jusqu'à épaississement (sans bouillir !)
4 jaunes d'œufs avec 4 cuil. à soupe rases de sucre en poudre
et 20 cl de bière.
• Servez tiède ou froid. ∎

Banana split thaï

GLACE LAIT DE COCO-GINGEMBRE CONFIT

• Faites tremper 1 feuille de gélatine (2 g) dans un bol d'eau froide. Quand elle est ramollie, essorez-la et faites-la fondre dans 10 cl de lait de coco chaud. Ajoutez encore 10 cl de lait de coco froid, 100 g de sucre glace, 12,5 cl de crème fouettée, 1 cuil. à soupe bombée de gingembre confit au sirop, coupé en petits dés.

• Congelez en fouettant régulièrement.

GLACE MANGUE-CITRON VERT

• Faites tremper 1 feuille de gélatine (2 g) dans un bol d'eau froide.

• Mixez 250 g net de chair de mangue (mûre à point) avec 100 g de sucre glace ; râpez-y le zeste de 1 citron vert.

• Pressez le citron vert, chauffez le jus obtenu et faites-y fondre la feuille de gélatine ramollie essorée.

• Versez immédiatement ce jus dans le coulis de mangue, incorporez 15 cl de crème fouettée.

• Congelez en fouettant régulièrement.

SAUCE ANANAS-MÉKONG (RHUM THAÏ)

• Mixez 300 g d'ananas frais avec 2 cuil. à soupe de sucre en poudre et 3 cuil. à soupe de mékong. ■

Encore quelques détournements

• **Banana split british** : banane, glace au pain complet, glace à la marmelade d'orange, crème anglaise (ben voyons !).

• **Banana split sicilien** : banane, glace à la ricotta et aux fruits confits, glace pistache, sauce chocolat.

• **Banana split romain** : banane, glace au riz au lait, glace au tiramisù, coulis café.

• **Banana split japonais :** banane, glace au thé vert matcha, glace aux azukis (haricots rouges), sabayon à l'*umeshu* (liqueur de prune).

Etc. Bref, sans aller nécessairement jusqu'au **banana split tibétain** avec sa glace au lait de yak et son coulis de thé au beurre rance, toutes les fantaisies sont permises ! ■

Variation sur… les chicons au gratin)

Voici un de ces plats simplissimes qui, à l'instar de l'œuf à la coque ou du steak grillé, peuvent atterrir dans votre assiette sous forme de révélation divine ou de catastrophe interplanétaire. Car oui, en cuisine, avec un peu de bonne volonté, on peut tout rater.

Combien n'ai-je pas croisé dans mon existence de pauvres chicons trahis, baignant dans leur sauce insipide toute floculée au milieu de flots d'eau rendue à la cuisson, et même pas dissimulés par la trop insuffisante couche de gratin qui, plus présente, eût pu sauver la face sinon le goût ?

Je me suis donc dit qu'il fallait faire quelque chose. Voici donc mes recettes, étudiées avec soin pour préserver goût, texture et aspect de ce plat merveilleux. **Cela étant, il est normal que le chicon rende un peu d'eau au gratinage final :** c'est un légume, après tout ! Le but est juste d'éviter des chutes du Niagara ! Autre recommandation : si vous avez la chance de vous en procurer, utilisez de préférence des chicons dits « de pleine terre ». Nos voisins du Nord, dont par charité je ne citerai pas le nom, ont mis au point et généralisé l'aquaculture de ce légume. Rendement optimal, succès commercial assuré pour ces blancs et dodus spécimens gorgés d'eau autant que de fadeur… Heureusement, quelques sauveteurs de Belgique et du nord de la France ont timidement réintroduit la traditionnelle culture en pleine terre. Goûtez à leur hélas trop confidentielle production et vous ne voudrez plus jamais d'autres chicons à votre table. Évidemment, le porte-monnaie s'en ressent, mais quand on aime on ne compte pas !

Chicons au gratin
Recette de base

Préparation : 15 min
Cuisson des endives :
1 h 30 (braisée)
ou 1 h (au lait)
Gratin : 20 à 30 min

Pour 4 personnes

Pour les chicons
8 chicons pas trop gros
8 tranches de bon
jambon blanc
(inutile de prendre le nec
plus ultra du jambon cuit,
mais n'allez pas non plus
utiliser un de ces sous-
jambons faits de
plastique et de gélatine)
*Si vous choisissez
la cuisson au beurre :*
50 g de beurre (il servira
aussi pour la béchamel
du gratin)
*Si vous choisissez
la cuisson au lait :*
1 litre de lait entier ou
demi-écrémé (il servira
aussi pour la béchamel
du gratin)
+ un peu de rabe
si nécessaire

LA CUISSON DES CHICONS

• À faire à l'avance, ou même la veille, pour plus de facilité.

• Afin d'éviter que le chicon ne perde à la fois son goût et la plupart de ses vitamines et minéraux si bons pour la santé (mais oui !), oubliez la traditionnelle cuisson à grande eau ; je recommande :

• *soit une cuisson braisée,* dans une casserole avec du beurre et un tout tout petit feu dessous ; dans ce cas vos chicons garderont tout leur goût et, en prime, ne seront plus gorgés d'eau. Quant au lait de base de la béchamel qui déglacera la casserole, il sera à la fois enrichi et parfumé par le beurre de cuisson résiduel (donc, inutile d'en rajouter !) et joliment teinté de la couleur ambrée du braisage. Compter environ 1 h 30 de cuisson.

• *soit une cuisson dans du lait* (entier ou demi-écrémé selon vos convictions), en prenant soin de conserver ce lait de cuisson. Le résultat en sera un chicon au goût adouci par le lait, et un lait de base pour la béchamel tout parfumé par le jus rendu par le légume. Compter environ 1 h de cuisson.

Donc, à vous de choisir ! Mais dans le premier cas comme dans le second, laissez refroidir le tout – et ce, pour plus de facilité.

L'ENROULAGE

• Si vous avez cuit vos chicons au beurre, attendez qu'ils soient refroidis, ils seront plus aisés à manipuler. Enroulez-les chacun dans 1 tranche de jambon et disposez-les côte à côte dans un plat à gratin beurré.

• Si vous les avez cuits au lait, pressez-les une fois refroidis entre vos mains au-dessus de la casserole de cuisson, afin de les essorer au maximum. Puis enroulez-les comme précédemment.

Pour la béchamel et le gratin

350 g de comté, gruyère ou emmental (ou un mélange)

50 g de beurre (si vous cuisez vos chicons au beurre, inutile d'ajouter celui-ci)

10 g de beurre pour le plat à gratin

1 litre de lait entier ou demi-écrémé (si vous cuisez vos chicons au lait, inutile d'ajouter celui-ci)

100 g de farine fluide (ou plus, ou moins, voir plus bas)

Sel et poivre

LA BÉCHAMEL

• *Vous avez opté pour la cuisson au beurre ?* En ce cas, gardez le beurre et le jus de cuisson, et déglacez au lait la casserole qui a servi à cette préparation. Ajoutez la farine (à froid) et fouettez bien pour dissoudre les grumeaux. Salez légèrement, poivrez et portez à ébullition en fouettant. Laissez bouillonner quelques minutes puis, hors du feu, ajoutez 200 g du fromage râpé choisi. Nappez les chicons de cette sauce.

• *Si vous avez cuit vos chicons au lait* : vérifiez que le lait résiduel soit équivalent à 1 litre ; complétez si nécessaire.

Faites fondre le beurre dans une casserole, mêlez-y la farine puis, hors du feu, incorporez peu à peu le lait de cuisson refroidi. Portez à ébullition en fouettant, salez et poivrez, et hors du feu ajoutez 200 g de fromage râpé. Nappez vos roulades préparées de cette sauce.

Important : la sauce doit être épaisse, à peine coulante, car malgré les précautions prises à la précuisson les légumes pourraient encore rendre du liquide et déstructurer la béchamel pendant le gratinage, surtout dans le cas de la cuisson au lait. Donc, selon la grosseur des chicons et leur richesse en eau, vous serez amené à augmenter ou diminuer la quantité de farine. Et pour cela je ne suis pas un gourou, seule votre expérience vous l'indiquera...

LE GRATIN

• Parsemez abondamment du reste du fromage râpé vos roulades (n'ajoutez surtout pas de noisettes de beurre, rassurez-vous, le fromage est déjà bien assez gras !).

• Enfournez-les pour 20 à 30 min jusqu'à ce que vous obteniez la belle et alléchante coloration que tout gratin digne de ce nom doit offrir. ■

Chicons au gratin à la suisse

- Utilisez de tout petits chicons (« chiconnettes » comme on les appelle en Belgique) ou coupez ceux-ci en deux, longitudinalement.
- Emballez-les dans des tranches de viande séchée des Grisons.
- Nappez d'une béchamel faite à base de 20 cl de vin blanc sec (réduisez d'autant la quantité de lait), de 1 gousse d'ail pressée, ajoutez un soupçon de crème fraîche, une larme de kirsch, poivrez généreusement ; le fromage à utiliser est à votre choix, pourvu qu'il soit suisse et corsé : gruyère, appenzell, sbrinz…

Recette à déguster par grand froid ; prévoir une belle marche ou une balade à ski de fond pour après… ∎

Chicons au gratin à l'italienne

- Chicons braisés à l'huile d'olive, emballés dans 4 tranches de jambon de Parme, avec une sauce composée de cubes de tomates fraîches pelées et épépinées, de 2 boules de mozzarella coupées en dés, et d'une béchamel au parmesan ou au grana padano.
- Juste avant de servir, parsemez de basilic frais ciselé dont la saveur délicate se fondra dans la sauce lors de la dégustation. ∎

Chicons au gratin à l'ardennaise

- 4 tranches de jambon d'Ardenne, une béchamel faite à base de 20 cl d'Orval – bière belge d'abbaye, ambrée et corsée – (réduisez d'autant la quantité de lait) et de fromage de Maredsous.
- Ce fromage étant assez doux, poivrez bien et diminuez légèrement la quantité de beurre de la béchamel. ■

Chicons au gratin à la normande

- Faites braiser vos chicons au cidre brut, celui-ci étant ensuite incorporé à la béchamel (laquelle sera **sans** fromage).
- Ajoutez 2 pommes golden coupées en dés (les golden sont les seules pommes qui ne se défont pas à la cuisson et qui offriront leur léger croquant à la dégustation).
- Gratinez au camembert, pont-l'évêque ou livarot écroûtés ou non selon vos préférences. Veillez toutefois à utiliser des fromages fermiers au lait cru, à la saveur nettement plus marquée que leurs équivalents industriels plastifiés. ■

Chicons au gratin à l'auvergnate

• Chicons emballés dans 4 tranches de jambon cru d'Auvergne, avec une béchamel au bleu d'Auvergne, gratinage au cantal vieux. ■

Chicons au gratin à l'espagnole

• Chicons braisés à l'huile d'olive (corsée de préférence, car hélas sa saveur s'atténuera à la cuisson) et emballés dans des tranches de jambon serrano.

• Une sauce béchamel faite avec du fromage manchego, à laquelle on ajoute un soupçon d'ail et 1 poivron rouge coupé en dés sautés brièvement à l'huile d'olive. ■

Chicons au gratin version allégée

Il faut bien, pour rester dans le politiquement correct…
Eh bien oui, c'est délicieux malgré tout, à condition de bien choisir vos ingrédients de base !

• Chicons de pleine terre, dont la saveur exceptionnelle est un bonheur à soi tout seul.

• Jambon cuit dégraissé de bonne qualité.

• Fromage râpé raisonnablement allégé (de 15 à 18 % de MG, en deçà le résultat final pourrait vous décevoir).

• Cuisson au lait écrémé ou demi-écrémé.

• Farine : et pourquoi n'essaieriez-vous pas une bonne farine intégrale, bio de préférence ? Vous serez agréablement surpris par l'agréable petit goût de noisette de votre béchamel, qui compensera la pauvreté en sel et en matières grasses.

• Ne salez pas, ou alors légèrement ; en revanche, n'hésitez pas à poivrer avec libéralité.

… Avantage non négligeable : après la dégustation de votre plat si léger, vous pourrez vous coller avec bonne conscience et volupté devant votre programme télé favori, au lieu de vous sentir obligé de faire trois fois le tour du pâté de maisons en courant…

Rappelez-vous ce vieux « proverbe chinois » : l'expiation et l'autoflagellation ne sont pas bonnes pour la digestion, et par conséquent encore moins pour la ligne ! ■

 Ce tour « amélien » du chicon au gratin n'est évidemment pas exhaustif ; à vous de créer, selon vos goûts, votre génie personnel ou vos appartenances régionales votre version de prédilection : c'est un vrai jeu !

Conclusion

Vous voilà initié à votre tour ; la gastronomie et les prédilections améliennes n'ont – quasi – plus de secrets pour vous. Tâtez donc des recettes qui ont précédé, juste pour vous rendre compte combien Amélie sait ce qui est bon !

Je vous souhaite autant de plaisir à cuisiner tout ou partie de ces plats qu'à les déguster ensuite.

Il ne vous reste qu'à vous mettre à rugir, râler, exulter ou vous tortiller de plaisir tout en vous régalant. Pour cela je vous fais totale confiance, vous apprendrez très vite – si ce n'est déjà fait...

Alors, comme on dit en japonais : ITADAKIMAS !!! – Bon appétit !

Bonus

Amélie, après avoir décerné son approbatur éclairé aux recettes qui émaillent les pages de ce recueil, m'a suggéré d'une voix pénétrée d'inspiration : « Je trouve que tu devrais inventer un gâteau qui s'appellerait un Signal de Botrange. »

Pour les recalés de la géographie, le Signal de Botrange est à la Belgique ce que l'Everest est au Tibet : son point culminant, qui atteint l'altitude vertigineuse de 694 m. Ne raillons pas trop, nos voisins Hollandais ne peuvent se targuer d'un tel record ; comme quoi, on trouve toujours un plus petit que soi.

Cette douce colline de l'Ardenne belge m'a alors inspiré un dessert qui, comme la pizza Margherita le fit avant lui du drapeau italien (qu'est-ce qu'il ne faut pas faire pour unifier un pays...), évoque les couleurs de la Belgique mais aussi fait appel à des produits du terroir. Voici donc, Mesdames et Messieurs, pour la première fois dans vos cuisines, le « sagacement » baptisé par Amélie.

Le Signal de Botrange

Dessert composé d'un fond croustillant aux spéculoos et pavot noir, surmonté d'un bavarois au safran moulé en dôme sous un biscuit roulé à la confiture de fraises et enjolivé d'une ceinture de grosses fraises de Wépion (petite ville près de Namur réputée pour lesdites fraises) entières scellées à la gelée de groseille.

Préparation : 1 h
Repos au frais : 1 h
Cuisson du biscuit roulé : 11 min
Cuisson du bavarois : 5 min

Pour 8 personnes

Pour le fond
300 g de spéculoos
50 g de vergeoise brune (en Belgique, *cassonade* brune). Attention ! de la betterave, hein ! N'allez pas m'y mettre de la canne ! Nom de...
150 g de beurre demi-sel en pommade
100 g de graines de pavot noir (eh oui : il existe aussi du pavot blanc !)

Pour le biscuit roulé
60 g de farine fluide
75 g de sucre en poudre
3 œufs moyens
1 pot de (bonne) confiture de fraises

LE FOND

• Réduisez les spéculoos en chapelure grossière et mêlez-y pavot noir et vergeoise.

• Ajoutez le beurre demi-sel, malaxez le tout puis étalez ce magma à même le plat à tarte, en un cercle aussi régulier que possible.

Je subodore que votre prévoyance légendaire vous aura dicté de réserver dans votre réfrigérateur une place assez grande pour y caser ledit plat une fois préparé.

LE BISCUIT ROULÉ

• Faites un biscuit roulé à la confiture de fraises (voir Génoise roulée au cassis, p. 45).

• Emballez serré sous film et réfrigérez.

LE BAVAROIS AU SAFRAN

• Faites tremper les feuilles de gélatine dans un bol d'eau froide.

• Dans une petite casserole à fond épais, battez les jaunes, le sucre et la Maïzena. Délayez avec le lait puis chauffez à feu doux sans cesser de remuer à la spatule ou au fouet, et ce jusqu'à épaississement mais surtout pas ébullition (bon, ne paniquez pas, un tout petit bouillon d'une fraction de seconde, grâce à l'infime présence de Maïzena, ne va pas tout fiche en l'air...). Éteignez le feu.

**Pour le bavarois
au safran**

75 g de sucre en poudre
+ 1 cuil. à soupe
pour le saladier

1 grosse pincée de
Maïzena

3 jaunes d'œufs

25 cl de lait entier

25 cl de crème liquide
pasteurisée

1 noix de beurre en
pommade

2 feuilles de gélatine (4 g)

1 dose de safran de 1 g
(moulu ou en pistils)

Pour la finition

500 g ou plus de fraises de
Wépion (ou de belles
grosses fraises coniques
et régulières)

1 pot de gelée de groseille
(ou de fraise, mais c'est
plus difficile à trouver...)

Matériel

1 plat à tarte rond à fond
plat d'au moins 30 cm
de diamètre

1 saladier hémisphérique
d'environ 20 cm
de diamètre

• Essorez la gélatine dans du papier absorbant, ajoutez-la à la préparation puis parfumez de safran. Laissez refroidir à température ambiante (surtout pas au réfrigérateur, la crème prendrait avant d'être terminée !).

Attention, 1 dose de safran paraît bien chiche, mais son arôme et son pouvoir de coloration sont puissants ! Sans compter qu'un excès de cette épice exquise peut provoquer chez certains une *turista* pas piquée des vers, et cela aucun livre de cuisine ne l'évoque... Il était de mon devoir moral de vous en informer. Qu'est-ce qu'on dit ? Merci, Juliette !

• Beurrez grassement et sucrez le saladier. Tranchez le biscuit roulé en rondelles fines d'environ 5 mm et *chemisez-en* (n'est-ce pas que c'est joliment dit ?) le saladier.

• Reprenez la crème anglaise refroidie, incorporez-y délicatement à la spatule la crème battue en chantilly puis versez cette mousse dans le saladier ; si des tranches de biscuit roulé dépassent, coupez-les à ras de la surface de mousse pour éviter toute déformation au démoulage. Réfrigérez le saladier jusqu'à prise de la mousse (minimum 1 h).

• Démoulez précautionneusement l'hémisphère de mousse au centre de votre croûte au pavot noir. Badigeonnez de gelée de groseille le fond de biscuit qui dépasse puis piquez-y vos fraises entières (tranchez-les à la base pour qu'elles tiennent debout, nez en l'air) ceignant ainsi le bavarois d'une guirlande vermillonne. Admirez votre œuvre patriotique (ou ethnologique pour les autres) et dégustez frais, accompagné d'une *jatte caffè* et en écoutant la Brabançonne.

RECONVERSION DES BLANCS D'ŒUFS

En Belgique, toute personne ayant réalisé ce gâteau me dirait avec reproche : « Et moi je suis là avec mes blancs d'œufs ! » – traduction : « Que pourrais-je bien faire, chère conseillère, des 3 blancs d'œufs qui n'entrent pas dans la confection de ce délicat bavarois safrané ? »

Ah non ! N'allez surtout pas me les jeter, misérable ! J'ai trop vu ce geste obscène pratiqué par des pseudo cuisiniers ignares pour que cela ne me porte pas à ébullition à chaque fois !

En cuisine, en pâtisserie et même en diététique, le blanc d'œuf, c'est de l'or en barres. Alors, soit vous congelez vos blancs (en indiquant leur nombre et/ou leur poids, c'est très pratique) si vous vous sentez flemmard après avoir beaucoup cuisiné – et là je vous pardonne à 100 % –, soit

– vous réalisez, comme les Américains, une omelette diététique : poêlez vos blancs à l'huile d'olive, salez, poivrez et garnissez au choix de ratatouille, fromages, jambon, saumon fumé, champignons, herbes... C'est facile, pas cher, délicieux, léger et riche en protéines (plat complet pour 1 personne) ;

– vous faites des meringues (voir Mont Fuji, p. 32) ;

– vous allégez un soufflé salé ou sucré en utilisant 3 jaunes et 6 blancs montés en neige pour 25 cl de béchamel (soufflé salé) ou de crème pâtissière (soufflé sucré) ;

– vous meringuez une tarte aux fruits ou au *lemon curd* : montez 3 blancs en neige avec 1 pincée de sel, ajoutez 3 cuil. à soupe de sucre en poudre en fouettant ; dressez la meringue à la poche ou, plus simplement, à la fourchette, et colorez quelques instants sous le gril ou au chalumeau ;

– vous meringuez de même tout autre entremets, qu'il soit chaud (omelette norvégienne, gratin de fruits...) ou froid (verrines individuelles, compotes de fruits...) ;

– vous réalisez une colle comestible en mélangeant environ 150 g de sucre glace tamisé et quelques gouttes de jus de citron par blanc : la pâte obtenue doit être à peine coulante. Idéale pour monter des maisons en biscuits ou en pain d'épices à Noël. Cette même préparation se nomme « glace royale » lorsqu'elle surmonte des gâteaux feuilletés passés au four (allumettes, conversations, jésuites...) ;

– vous transformez votre tout bête bouillon de bœuf maison en délicat consommé (what's in a name ?) en le clarifiant : portez environ 2 litres de bouillon filtré à ébullition, versez-y les blancs qui vont phagocyter toutes les impuretés. Filtrez derechef et parfumez légèrement de *jerez muy seco* avant de servir dans des tasses à consommé ;

– utilisez-les, comme les religieuses espagnoles des siècles passés, pour amidonner vos cornettes lors du repassage...

Après avoir parcouru cette liste pas du tout exhaustive d'utilisations de blancs d'œufs, je gage que vous n'en dormirez plus, soit d'enthousiasme à l'idée de toutes les portes que cela vous ouvre, soit de dépit du genre : « aaaah ! si j'avais su ! ».

(Recette abhorrée)

En toute modestie, si je devais m'auto-attribuer un mérite, ce serait bien celui d'avoir eu assez de force de caractère pour sélectionner parmi tant de plats adorés par Amélie la si petite partie d'entre eux qui garnissent les pages de ce livre. C'est ma faute, aussi... eussé-je choisi de relater l'expérience gastronomique du Christ durant ses 40 jours de jeûne dans le désert, de décrire la palette alimentaire de sainte Catherine de Sienne ou de chercher à savoir comment Foudre Bénie – le lama en lévitation dans *Tintin au Tibet* – prenait son thé (nature ou avec un nuage de beurre), la douloureuse question du *choix* m'eût certainement moins taraudée.

Être fière d'avoir relevé ce gant ne me suffit cependant pas ; pour trouver le repos, il me faut encore courir après une autre difficulté : vous divulguer LA recette qu'Amélie déteste !

Bien sûr, Amélie a comme chacun d'entre nous ses phobies alimentaires. Cependant, le plat dont je vais vous donner ci-après la recette a ceci de surprenant qu'il est composé de 4 ingrédients dont Amélie raffole :
– les œufs mollets ;
– le chou-fleur cuit ;
– la béchamel ;
– le gruyère, comté et/ou emmental.

Dégustés séparément, ces aliments remportent haut la main tous les suffrages de notre héroïne culinaire ; acoquinez-les tous et faites gratiner l'ensemble, et vous verrez le cœur de cette dernière se soulever jusqu'à ses yeux gris-vert, et encore je ne vous dis pas la grimace de dégoût dont vous ne la croiriez même pas capable.

Ne vous méprenez surtout pas, ce petit chapitre n'est pas une pochade purement gratuite. Il relève au contraire d'une étude philosophico-psychologico-gastronomique de haut vol menée casserole battant par votre dévouée servante.

En effet, il faut se rappeler qu'Amélie a été élevée au Japon et surtout que ses premiers émois et expériences alimentaires ont vu le jour dans ce pays où la tradition du *bento* n'est pas une plaisanterie. Celui-ci, sorte de pique-nique dont les diverses composantes sont disposées dans une boîte ou sur un plateau rigoureusement compartimenté, démontre clairement le goût des Japonais pour l'aliment en soi. Il en va d'ailleurs du *bento* comme de la langue japonaise : si telle monosyllabe a une signification bien précise, en combinaison avec d'autres elle prendra un sens tout différent ; de même, si vous vous risquez à combiner les petites préparations d'un *bento* dans un grand saladier, vous obtiendrez un salmigondis pour le moins déroutant – je pourrais employer un mot plus irrévérencieux.

De cette tournure de l'esprit et des sens toute japonaise, il est resté chez Amélie la préférence de l'ingrédient pour lui-même, à ne pas noyer sous une multitude de saveurs qui veulent toutes tirer le drap à elles.

Ceci étant, rassurez-vous, ô honorable lecteur occidental : bien qu'amoureux de leurs traditions, les Japonais adorent notre cuisine, qu'elle soit raffinée ou aussi simple et conviviale, et savent s'encanailler en dégustant une pizza aux mille garnitures, une salade de riz combinant thon-maïs-crudités-olives-œufs durs-fruits secs-légumes cuits-mayo-corniflards, et j'en passe, ou en mordant dans un sandwich fourré de toutes les trouvailles de la Création. De même, Amélie se régalera volontiers d'un stoemp bruxellois, d'un macaroni au gratin ou de toutes les recettes pas « séparatistes » pour deux sous qui ont fait l'objet de ce livre !

Œufs et chou-fleur au gratin

Préparation : 30 min
Cuisson : 10 + 20 min

Pour 4 personnes

1 beau chou-fleur (ou 2 petits choux-fleurs d'été)
100 g de farine fluide
8 œufs (à température ambiante)
1 l de lait entier
200 g de fromage râpé (emmental, gruyère, comté...)
80 g de beurre + 20 g pour le plat
Sel, poivre blanc

• Lavez et détaillez le chou-fleur en bouquets.

• Portez une grande casserole d'eau salée à ébullition et jetez-y les bouquets de chou-fleur.

• Pendant que le chou-fleur blanchit, percez le côté arrondi des œufs au moyen d'une épingle ou d'un perce-œuf (ceci afin de crever la chambre à air, ce qui évite à l'œuf de se fendre).

• À la reprise de l'ébullition, comptez 4 min puis ajoutez délicatement les œufs avec une écumoire ; comptez encore 6 min puis égouttez le tout. Mettez immédiatement les œufs dans un récipient d'eau glacée pour arrêter la cuisson. (Le chou-fleur sera *al dente*. Si vous l'aimez bien cuit, faites-le blanchir 10 min au lieu de 4 avant d'ajouter les œufs).

• Faites une béchamel (voir Chicons au gratin p. 114) avec 80 g de beurre, la farine et le lait ; ajoutez-y la moitié du râpé, salez modérément et poivrez.

• Écalez les œufs. Beurrez un grand plat à gratin et disposez-y les bouquets de chou-fleur et les œufs mollets. Nappez de béchamel, parsemez du reste de râpé. Réservez.

• 30 min avant de servir, préchauffez le four à 250 °C (th. 10).

• 10 min plus tard, enfournez le plat à gratin et laissez dorer une vingtaine de minutes.

Si vous voulez obtenir une sauce plus légère et avec un goût plus prononcé, remplacez le lait par l'eau de cuisson du chou-fleur. Dans ce cas, ne salez pas.

Avantages de la béchamel à l'eau de cuisson :

– vitamines hydrosolubles et sels minéraux des légumes conservés ;

– goût plus « typé » ;

– plus digeste en cas d'intolérance au lactose (le fromage et le beurre n'en contenant pas) ;

– (un tout petit peu) plus économique.

Avantages de la béchamel au lait :

– calcium et vitamines du lait ;

– goût plus onctueux, pour les réfractaires à la puissance du chou ;

– plus facile à faire avaler aux mômes (la paix de l'âme n'a pas de prix...)

Dégustez en pensant à Amélie ; faites-lui un clin d'œil au passage, et dites-lui : « Mais enfin...ce n'est pas si mauvais que ça ! »

Index des extraits de romans d'Amélie Nothomb

Index des recettes par ingrédients principaux

Index alphabétique des recettes

Crédits photographiques

PP. 11, 12, 13, 14, 15, 16, 17, 18 : Coralie Moulin.

P. 66 haut : British Museum, Londres / Bridgeman Giraudon ; milieu : Laure Paoli ; bas : Jean-Baptiste Mondino.
P. 67 haut gauche, haut droite et milieu gauche : Marc Melki ; bas droite : Arnaud Brihay.

P. 88 haut : Marc Melki ; milieu : Catherine Cabrol ; bas : Mandarine Napoléon.
P. 89 : Marianne Rosenstiehl/H&K.

P. 90 : Catherine Cabrol.
P. 91 haut : Marianne Rosenstiehl/H&K ; bas : Sergio Gaudenti/Kipa/Corbis.

Ouvrage publié sous la direction de Laure Paoli

Suivi éditorial : Véronique Galland
Relectures et corrections : Hélène Teillon
Conception graphique et mise en pages : Stéphanie Le Bihan

Impression : Clerc, octobre 2008

Éditions Albin Michel
22, rue Huyghens 75014 Paris
www.albin-michel.fr

ISBN : 978-2-226-18734-5
N° d'édition : 25714 – N° d'impression : 9797
Dépôt légal : novembre 2008
Imprimé en France.